Noor E Alam Siddique
Marc Van Meirvenne
Mohammad Monirul Islam

Cartografia dos solos no Bangladesh

Noor E Alam Siddique
Marc Van Meirvenne
Mohammad Monirul Islam

Cartografia dos solos no Bangladesh

ScienciaScripts

Imprint

Cover image: www.ingimage.com

This book is a translation from the original published under ISBN 978-620-2-00460-2.

Publisher:
Sciencia Scripts
is a trademark of
Dodo Books Indian Ocean Ltd. and OmniScriptum S.R.L publishing group

120 High Road, East Finchley, London, N2 9ED, United Kingdom
Str. Armeneasca 28/1, office 1, Chisinau MD-2012, Republic of Moldova, Europe
Managing Directors: Ieva Konstantinova, Victoria Ursu
info@omniscriptum.com

Printed at: see last page
ISBN: 978-620-8-57763-6

Índice:

Prefácio

O autor agradece ao seu promotor Prof. dr. ir. Marc Van Meirvenne, Departamento de Gestão do Solo, Faculdade de Engenharia de Biociências, pela sua orientação e apoio. A cooperação e as sugestões generosas do seu tutor, MSc Mohammad Monirul Islam, durante a investigação são extremamente úteis, espontâneas e apreciáveis. O autor estende a sua gratidão aos membros do pessoal do International Centre for Physical Land Resources, Bélgica, e do Soil Resource Development Institute, Ministério da Agricultura, Bangladesh, pela sua doutrina e assistência durante o período de estudo e investigação. O apoio financeiro do Conselho Inter-Universitário Flamengo (VLIR), da Secretaria de Estado da Cooperação para o Desenvolvimento da Bélgica, é altamente reconhecido, sem o qual este trabalho académico não teria sido possível.

O autor exprime uma gratidão infinita aos seus pais, à sua mulher e ao seu único filho pela paciência, sacrifício, apoio e encorajamento durante estes dois anos de separação.

Gent, agosto de 2010

Md. Noor-E-Alam Siddique

Resumo

A avaliação da variação à escala do campo da condutividade eléctrica aparente (CEa) e a caraterização das propriedades correlacionadas do solo foram investigadas para a cartografia de um terraço e de um solo de planície aluvial do Bangladesh. A técnica de indução electromagnética (EMI) foi aplicada por um sensor de solo, EM38, que fornece conjuntos de dados auxiliares de CEa com precisão. O estudo foi apoiado por uma amostragem do solo para garantir a fiabilidade e tornar evidente o potencial das medições de CEa para a cartografia do solo. Os solos dos locais de estudo eram muito diferentes: o local do terraço era constituído por um substrato argiloso pouco profundo e o local da planície de inundação por um substrato arenoso. As leituras de ECa em mS m^{-1} variaram de 40 a 64 e de 32 a 53 na orientação vertical (ECa-V) e horizontal (ECa-H) da medição, respetivamente, no local do terraço. No local da planície de inundação, as leituras de ECa em mS m^{-1} variaram de 35,1 a 50,8 e de 33,8 a 47,4 para a ECa-H e ECa-V, respetivamente. No sítio do terraço, as leituras de CEa correlacionaram-se melhor com as propriedades do solo, como a textura do solo superficial, sub e profundo (argila e areia), e com as propriedades químicas do solo superficial, ou seja, pH, CEC, Ca^{2+} e Mg^{2+} . No sítio da planície aluvial, as leituras ECa correlacionaram-se melhor com a textura do solo superficial e profundo, e com o C orgânico do solo superficial. Foi encontrada uma correlação modesta entre ECa-V e a argila do subsolo (r = 0,78), e ECa-V e a areia do subsolo (r = - 0,84) no sítio do terraço. No sítio da planície de inundação, a correlação entre a CEa-H e a argila do solo superficial foi a mais elevada (r = 0,66). A análise do variograma revelou que uma grande parte da variação total das propriedades do solo (cerca de 70 %) foi explicada pela componente espacialmente estruturada do variograma. Os resultados do estudo criaram a expetativa de que a cartografia do solo através da medição do ECa é possível no Bangladesh. Para a cartografia, a medição do ECa-V no solo do terraço é mais preditiva do que o ECa-H, enquanto a medição do ECa-H no solo da planície de inundação é mais preditiva do que o ECa-V. Os mapas de ECa podem representar corretamente a variação espacial das propriedades do solo. Assim, fornecem informações úteis sobre a textura do solo, a fertilidade química e o teor de matéria orgânica. O mapa de CEa também fornece um meio de monitorizar a variação espacial das propriedades do solo que potencialmente influenciam a produção de culturas. Os mapas ECa podem também orientar a amostragem orientada do solo com o objetivo de atualizar os mapas de solos existentes no Bangladesh.

Capítulo 1

1. Introdução

1.1 Antecedentes

O Bangladesh é um país em desenvolvimento baseado na agricultura e propenso a riscos, sobrecarregado pelas necessidades crescentes de uma população em expansão. Dispõe de condições climáticas e hidro-edáficas favoráveis que favorecem uma agricultura intensiva nos solos aluviais do país. Os valiosos recursos do solo do país são sobre-explorados ou subutilizados devido a uma gestão deficiente dos recursos. Um país com escassez de terras não pode permitir-se isso. A utilização da terra é determinada principalmente pelo clima das monções e pelas inundações sazonais que afectam a maior parte do país. A elevada precipitação e as inundações sazonais tornam as condições particularmente adequadas para o cultivo do arroz, que ocupa cerca de 80% da área cultivada. Nas últimas décadas, a agricultura convencional e a monocultura do arroz causaram a degradação das terras agrícolas e do ambiente devido à utilização extensiva de fertilizantes químicos e pesticidas. Atualmente, é imperativo realizar a caraterização do solo à escala preferida para uma melhor compreensão e utilização sustentável dos recursos do solo. O país é constituído por três grandes unidades fisiográficas, a planície de inundação holocénica (80 %), as colinas terciárias (12 %) e os terraços pleistocénicos (8 %), com uma superfície total de 147 570 km^2 (BBS, 2008). Os solos foram amplamente classificados em 19 tipos gerais de solos (Figura 1) com base numa formação pedogénica semelhante e, posteriormente, agrupados em 25 unidades fisiográficas (Figura 2) (SRDI, 2007; Brammer, 2002). A zona de terraço, que representa o segundo maior tipo de terra com importância agrícola, inclui o Barind Tract (BT), o Madhupur Tract e o Akhaura Terrace. Dentro do BT, podem ser reconhecidas três subunidades principais, principalmente no noroeste do país: BT de nível, BT elevado e BT do nordeste. Os solos da BT são classificados como solos de terraço cinzentos profundos e pouco profundos, mal drenados, com um solo superficial siltoso e um subsolo cinzento mosqueado sobre um substrato argiloso do Terciário. A BT de nível ocupa cerca de 80 % da BT e consiste em diferenças locais de elevação de 60-90 cm. As áreas de planície de inundação são o tipo de paisagem mais importante no contexto da agricultura e da cultura do país. A planície de inundação aluvial é formada por depósitos e sedimentos associados aos rios. Entre as planícies de inundação, o solo da planície de inundação do Brahmaputra é o segundo solo mais extenso do país, representando 13% do total de solos da planície de inundação. O solo é siltoso, imperfeitamente drenado e compreende um solo cinzento-escuro não calcário com um substrato arenoso (Bramer, 2002 e 1996; Saheed, 1992).

1.2 Fundamentação da pergunta de investigação

As actividades agrícolas no nível BT dependem principalmente das chuvas sazonais. O solo tem uma fertilidade natural pobre, baixa capacidade de retenção de água, baixa estabilidade estrutural da camada superficial do solo e baixa matéria orgânica com deficiência de nutrientes para as plantas, sendo considerado um solo problemático do Bangladesh (Bramer, 1996 e USG-Birol, 2008). A fim de encontrar uma combinação adequada de práticas agronómicas para ultrapassar os principais constrangimentos em termos de humidade e fertilidade, realizam-se habitualmente várias actividades de investigação e transferência de tecnologia (BMDA, 2010; Orr et. al., 2008; Ali, 2007) na região BT, que pretendem aumentar a produção agrícola através da intensidade e diversificação das culturas. A segurança alimentar e a produção sustentada das áreas de BT requerem insumos suficientes, práticas de gestão adequadas e caraterização preferencial dos solos. Por conseguinte, o primeiro local de estudo é selecionado na BT para caraterizar o solo, o que facilitará a implementação de decisões de gestão e optimizará as necessidades de insumos. Por outro lado, a maioria das actividades agrícolas concentra-se nos solos da planície de inundação, que são considerados sempre férteis, mas o cenário de fertilidade já foi alterado em grande medida por uma gestão inadequada do solo. Atualmente, é necessária uma estratégia global de gestão do solo que seja capaz de manter a produtividade da agricultura e assegurar o cuidado do solo. Por conseguinte, foi escolhido outro local de estudo no solo da planície aluvial de Brahmaputra, no Bangladesh.

Estão disponíveis relatórios semi-detalhados de levantamento de solos, incluindo um mapa de polígono temático (1:50.000) derivado de um levantamento convencional, para a área que pertence ao terraço e ao local de estudo da planície aluvial. Os solos são agrupados de acordo com séries de solos com textura, drenagem, material de origem e potencial de utilização semelhantes (Saheed, 1992). Devido à falta de observações quantitativas, as descrições dos atributos do solo são inadequadas e os limites desse mapa representam uma descontinuidade abrupta, enquanto os atributos do solo são heterogéneos e contínuos por natureza. Além disso, a variabilidade espacial ocorre devido a numerosos processos do solo que actuam simultaneamente, e a gestão uniforme predominante dos campos não tem em conta a variabilidade espacial, que não é a forma preferida de gestão do solo. Por conseguinte, é necessário um método de levantamento rápido e menos dispendioso, capaz de gerar dados quantitativos, para avaliar a variabilidade espacial do solo através de uma cartografia pormenorizada do solo. Isto também pode ser útil para desenvolver uma nova estratégia de atualização do inventário do solo existente. Os métodos geoespaciais, como a deteção baseada na indução electromagnética, são capazes de produzir medições fiáveis exaustivas e precisas relacionadas com os atributos do solo em grandes áreas, de uma forma rápida e económica. A informação do levantamento da condutividade eléctrica aparente do solo (CEa) tem sido amplamente utilizada para medir várias propriedades físico-químicas do solo e subsequente mapeamento do solo (Moral et. al., 2010; Corwin e Lesch, 2005), tais como o teor de humidade (Billal, 2008; Sheets e Hendrickx, 1995), a textura, a matéria orgânica e a CEC (Moral et. al., 2010; Kuhn et. al., 2009; Triantafilis e Santos, 2009; Triantafilis et. al., 2009; Sudduth et. al., 2005). As medições do levantamento da CEa fornecem a base para um mapeamento detalhado do solo para investigar a heterogeneidade espacial das características do solo. Até à data, tais esforços nunca foram implementados no Bangladesh e continua a existir um potencial de cartografia quantitativa do solo utilizando informações de sensores de indução electromagnética não invasivos para a caraterização dos solos de terraços e planícies aluviais do Bangladesh.

Objectivos

i. Explorar o potencial do levantamento ECa na caraterização da variabilidade espacial do solo e avaliar o valor do levantamento ECa para gerar mapas detalhados das propriedades do solo para dois solos diferentes sob cultivo de arroz.
ii. Investigar a natureza e a extensão da correlação da CEa com as propriedades físico-químicas do solo e comparar as respostas da CEa entre os locais investigados.

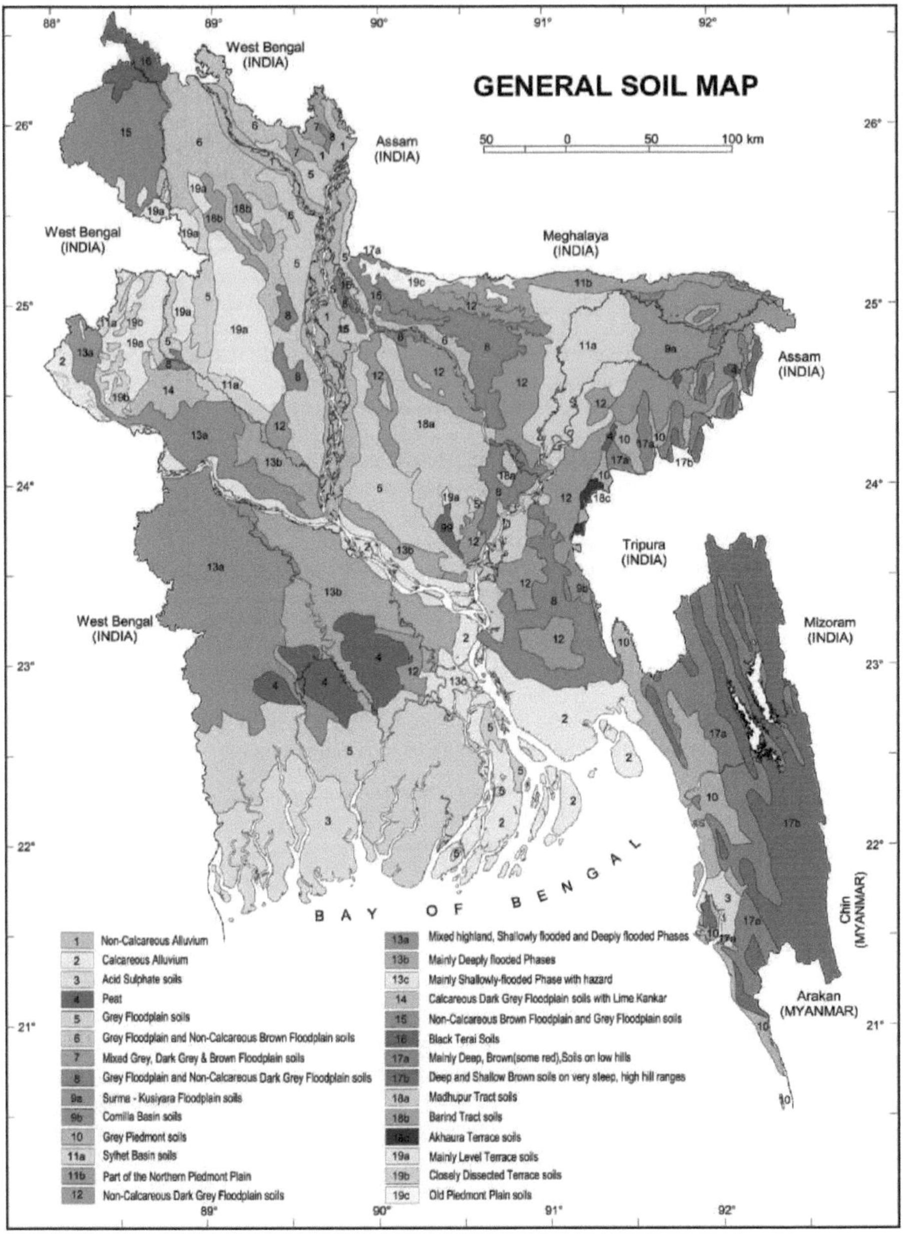

Figura 1. Tipos gerais de solos do Bangladesh (BARC, 2005)

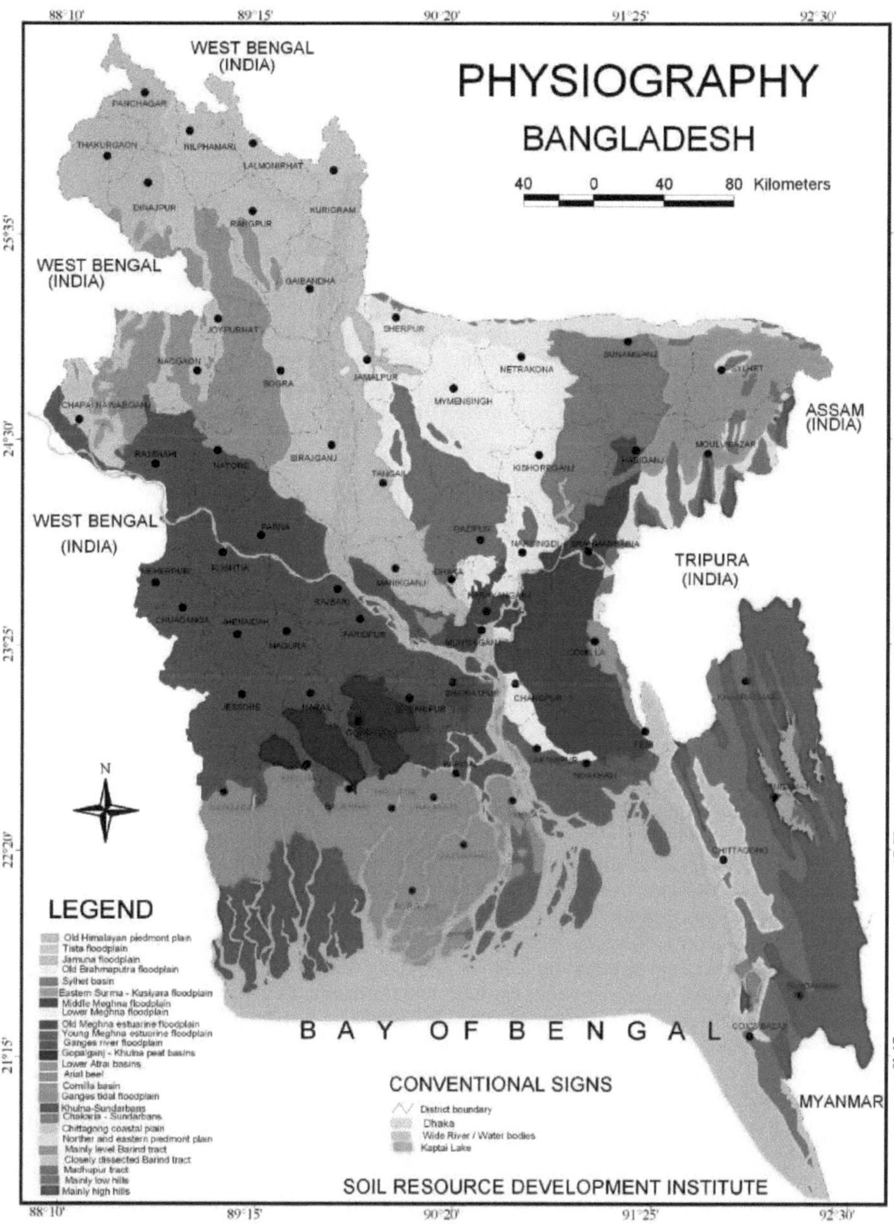

Figura 2. Mapa da fisiografia do solo do Bangladesh (SRDI, 2007)

Capítulo 2

2. Revisão da literatura

Os cientistas do solo estão conscientes de que as propriedades do solo não são estáticas, mas variam no tempo e no espaço. Apesar das numerosas tentativas efectuadas em diferentes contextos e escalas, a caraterização dos recursos do solo, inerentemente variáveis, tem sido sempre um desafio desde o início da ciência do solo. O desenvolvimento sustentável reforçou o processo de evolução de uma forma mais quantitativa para otimizar a gestão do solo e proporcionar tratamentos espacialmente diferenciados. Estas abordagens estão a afastar o conceito de levantamento clássico. Como consequência, surgiram novas abordagens que levaram ao desenvolvimento de metodologias quantitativas mais eficientes em termos de tempo e de custos para uma caraterização precisa da variabilidade do solo a partir de dados exaustivos. Desenvolvimentos recentes tornam possível a aquisição de dados de alta resolução que permitem a cartografia do solo com uma resolução mais fina para investigações pormenorizadas (Cockx, 2010; Kuhn et. al., 2009; Viscara et. al., 2008; Vitharana, 2008). A revisão que se segue visa fornecer uma base concetual para trabalhar com o sensor de solo por indução electromagnética, EM38, para produzir mapas de solo de alta resolução de acordo com os objectivos da investigação.

2.1 Variabilidade espacial do solo

O solo varia de forma mais ou menos contínua e muitas das suas propriedades mudam continuamente de local para local, o que o torna tão fascinante. Esta variabilidade espacial ocorre devido ao efeito combinado de processos físico-químicos e biológicos que actuam com diferentes intensidades a várias escalas nos mantos do solo (Santra et. al., 2008). Mais especificamente, a variabilidade do solo é influenciada por diferentes combinações de factores de formação do solo que actuam no espaço e no tempo, incluindo os efeitos adicionais das práticas de gestão do solo e dos sistemas de cultivo. Geralmente, a magnitude da variabilidade do solo aumenta à medida que a extensão e a resolução espaciais, ou a escala temporal, aumentam e, depois de atingir um máximo, estabiliza ou diminui à medida que a dimensão espacial ou temporal continua a aumentar. A escala de variabilidade pode ser a variabilidade do solo no interior de um campo, entre campos e paisagens ou entre regiões (Lin et. al., 2005). A heterogeneidade espacial do solo é um dos vários factores que causam a variação do rendimento das culturas dentro da parcela. A informação sobre a variabilidade do solo é importante para a modelação ecológica, a previsão ambiental, a agricultura de precisão e a gestão dos recursos naturais (Lin et. al., 2005). Além disso, a caraterização da variabilidade do solo tem como principal objetivo a utilização eficiente dos factores de produção agrícola de uma forma rentável no que diz respeito à variação espacial dos solos, garantindo uma utilização ambientalmente correcta dos recursos (Santra et. al., 2008). Além disso, permite também compreender melhor as relações complexas entre as propriedades do solo e os factores ambientais, o que reforçará a utilização da informação sobre o solo em diversas aplicações. Os cientistas têm-se esforçado continuamente por identificar a variabilidade do solo a várias escalas. Anteriormente, os geógrafos tentavam cartografar o solo com um modelo concetual da variação do solo em função do relevo, da geologia, da vegetação e da utilização do solo. Esta abordagem escapou à variabilidade espacial dentro das unidades cartográficas por uma série de razões, incluindo limitações de escala e dados quantitativos inadequados (Soil Survey Division Staff, 1993). A incapacidade da agricultura convencional para lidar com as variações dentro do campo não só tem um impacto económico negativo devido à redução do rendimento em certas áreas de um campo, como também afecta negativamente o ambiente devido à aplicação excessiva de factores de produção. Mais tarde, a necessidade de uma gestão sustentável dos recursos do solo apela a uma abordagem alternativa que aumente substancialmente a produtividade e a eficiência dos recursos, e que seja desejável no contexto ecológico. A quantificação da variabilidade do solo pode ser conseguida através de informação direta (amostragem do solo) e ou informação detectada por sensores de solo como o EM38 (Cockx, 2010). A caraterização da variabilidade do solo à escala do terreno através de medições densas da condutividade eléctrica aparente (CEa) é cada vez mais utilizada na agricultura de precisão, que exige a delimitação de zonas específicas do local para descrever a variação espacial das propriedades do solo (Cockx, 2010;

Vitharana, 2008; McBratney et. al. 2005; Corwin e Lesch, 2003).

2.2 Amostragem do solo: um método direto de informação sobre o solo

A estratégia de amostragem do solo depende da extensão e da natureza dos objectivos de gestão. Pode ser uma amostragem em grelha, uma amostragem aleatória ou uma amostragem contínua. A amostragem do solo em grelha é um procedimento utilizado para obter uma avaliação imparcial da variabilidade existente num campo. Envolve a colocação de grelhas, que podem ser específicas ou de várias dimensões, nos campos e a amostragem de cada célula da grelha. Com este tipo de amostragem, pode tentar-se uma maior densidade de amostragem para encontrar uma variabilidade intensiva dos atributos do solo numa parte de uma zona de gestão. O ponto de amostragem pode ser o centro da grelha, aleatório dentro de cada célula da grelha ou uma amostragem direccionada com base em características de campo não uniformes (Wollenhaupt et. al., 1997). A amostragem aleatória pode ser dividida em amostragem aleatória simples e estratificada. A amostragem aleatória simples é adequada quando toda a população da qual a amostra é retirada é homogénea e, na amostragem aleatória estratificada, a população é dividida num certo número de partes ou "estratos" de acordo com algumas características. As técnicas de amostragem estratificada são geralmente utilizadas quando a população é heterogénea, em que certas subpopulações homogéneas ou semelhantes podem ser isoladas como estratos. Um sistema de amostragem alternativo que visa reduzir o número de locais de amostragem e, consequentemente, a mão de obra e os custos, é designado por "amostragem por zonas ou direta". Baseia-se na divisão dos campos em unidades mais pequenas (ou estratos) com base em dados de escala fina, como o rendimento, sensores de solo próximos, teledeteção ou modelos digitais de elevação. A amostragem é então efectuada dentro de cada zona, em função da variabilidade presente. No entanto, várias técnicas de amostragem do solo, antigas e recentes, permitem medir as propriedades do solo com uma gama de precisão e à escala espacial. A perfuração do solo é o método mais direto e preciso para obter informações sobre a textura e o horizonte do solo, mas é o método mais dispendioso para a amostragem numa grande área, exigindo um grande número de amostras (Zhu et. al., 2004). Os investigadores têm procurado alternativas não destrutivas ou indirectas à sondagem do solo e desenvolveram várias técnicas novas, como os sistemas de deteção do solo em movimento para a amostragem contínua, que se refere à prática de recolha de amostras que medem diretamente as variáveis nos campos.

2.3 Instrumentação para a deteção de informações sobre o solo

2.3.1 Sistema de posicionamento

Um elemento fundamental para a localização de informações sobre o solo é a necessidade de determinar com exatidão as posições no terreno, o que é conseguido com um sistema de posicionamento global (GPS). O GPS é utilizado para fornecer essa informação, que é vital para a cartografia preditiva ou detalhada do solo. Esta georreferenciação permite analisar as relações entre os dados com base nas suas localizações geográficas e esta técnica espacial implica uma nova forma de olhar para a informação agrícola e para a variabilidade do local (Stafford, 2000).

2.3.2 Sensores do solo

As informações sobre o solo obtidas através de sensores invasivos e não invasivos provaram ser úteis para monitorizar a variabilidade espacial e temporal do solo. Os métodos invasivos requerem um contacto direto com o solo para obter medições, enquanto os métodos não invasivos fornecem estimativas das propriedades do solo a várias profundidades sem contacto direto. Viscarra Rossel e McBratney (1998) sugeriram pela primeira vez o termo "deteção proximal" para descrever dispositivos capazes de recolher dados a uma distância muito próxima do objeto de interesse. Os sensores proximais são capazes de recolher dados de forma intensiva, de modo a que as propriedades possam ser determinadas de forma contínua e quase contínua. Os sensores de solo proximais não invasivos fornecem estimativas do estado do solo a várias profundidades a partir de observações acima do solo, enquanto os sensores invasivos rompem a superfície do solo e penetram no solo para detetar diretamente ou recolher o solo para deteção externa. Ambos os tipos de sensores podem ser interligados com um recetor GPS e ligados a um veículo para obter medições geo-referenciadas em movimento. Estes sensores fornecem informações exaustivas sobre o solo que servem de ponto de partida para uma caraterização exacta da variação espacial do solo. Alguns destes sensores são capazes de medir diretamente as propriedades do solo e outros fornecem informações auxiliares ou secundárias para estimar as propriedades do solo (Vitharana, 2008). No entanto, Erickson (2004) assinalou vários tipos de sensores de solo de acordo com as suas aplicações seguintes:

i. Elétrico e eletromagnético: textura do solo, humidade do solo, variabilidade da profundidade do solo (profundidade da camada superficial do solo, profundidade do solo duro) e capacidade de troca catiónica (CEC)

ii. Ótico e Radiométrico: matéria orgânica, humidade do solo, azoto e fósforo minerais

iii. Acústico e pneumático: textura do solo, densidade aparente do solo (compactação) e variabilidade da profundidade

iv. Mecânica: compactação do solo, profundidade do hardpan, resistência mecânica e fricção metálica

v. Eletroquímica: pH do solo, teor residual de azoto, sódio e potássio

As técnicas de deteção proximal do solo devem ser desenvolvidas estrategicamente para satisfazer a procura de dados de alta resolução sobre o solo. Recentemente, foram desenvolvidos e estão disponíveis comercialmente vários sistemas de deteção proximal para medições no terreno (Triantafilis e McBratney, 1998). A medição da condutividade eléctrica aparente (CE_a) é particularmente adequada para determinar a variabilidade espacial das propriedades do solo no terreno, devido à sua medição rápida, fácil e fiável. O desenvolvimento de medições móveis da CE_a tornou possível produzir um mapa da CE_a com medições efectuadas a cada poucos metros. Além disso, os sistemas de deteção do solo apresentam várias vantagens, como a eliminação de amostragens e análises dispendiosas e fastidiosas, a aquisição eficiente de uma resolução espacial fina, a disponibilidade dos resultados em tempo real, o manuseamento mínimo das amostras e a eliminação da variabilidade induzida pelo laboratório (Raphael, 2002).

2.3.3. Sensor elétrico e eletromagnético

Os sensores eléctricos e electromagnéticos utilizam circuitos eléctricos para medir a capacidade das partículas do solo para conduzir ou acumular carga eléctrica. O solo torna-se parte de um circuito eletromagnético e a alteração das condições locais afecta imediatamente o sinal registado por um registador de dados. A capacidade do solo para conduzir eletricidade é normalmente quantificada pela condutividade eléctrica ou resistividade eléctrica. A medição da CEa sem contacto pode ser realizada utilizando um par de indutores. Quando uma bobina de transmissão com corrente alternada é colocada na proximidade do solo, o campo magnético induz um fluxo de carga eléctrica no solo. Esta corrente é detectada por uma bobina recetora também colocada na proximidade do solo. A distância entre as duas bobinas e a sua orientação definem a profundidade efectiva de medição. Foram desenvolvidas e comercializadas várias ferramentas comerciais que utilizam este método para medições em movimento. Por exemplo, uma forma de estimar a condutividade eléctrica do solo é através de indução electromagnética utilizando o sensor EM38 da Geonics Limited (Figura 3).

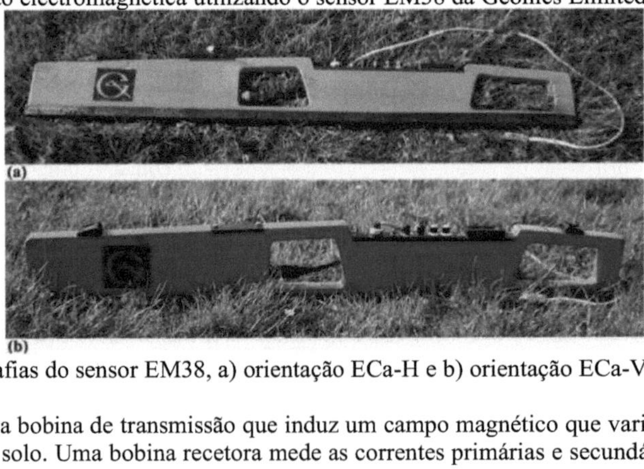

Figura 3: Fotografias do sensor EM38, a) orientação ECa-H e b) orientação ECa-V

O EM38 tem uma bobina de transmissão que induz um campo magnético que varia em força com a profundidade do solo. Uma bobina recetora mede as correntes primárias e secundárias induzidas no solo e relaciona as duas com a condutividade eléctrica do solo (Figura 4). A resposta rápida, o baixo custo e a elevada durabilidade tornaram os sensores eléctricos e electromagnéticos as técnicas mais acessíveis para a cartografia do solo em movimento. Os mapas obtidos têm sido correlacionados com a textura do solo, salinidade, matéria orgânica, CEC, teor de humidade e outros atributos do solo (Adamchuk et. al., 2004). A velocidade e a altura da operação, a humidade e a temperatura do solo, a profundidade da camada superficial do solo e a **simples** deriva da instrumentação ao longo do tempo podem causar efeitos significativos nas medições da CEa durante a utilização de um sensor eletromagnético do solo (Sudduth et. al., 2001).

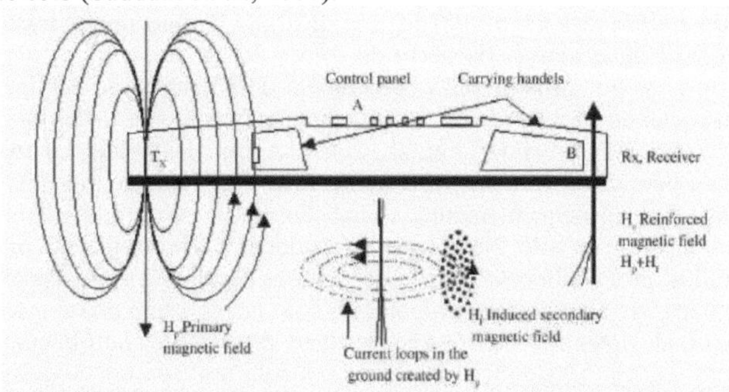

Figura 4. Diagrama que mostra o funcionamento do sensor EM38 baseado na indução electromagnética (Robinson et. al., 2004).

2.3.4 Princípio e procedimento de indução electromagnética (EMI) do sensor EM38

O princípio e o procedimento do IME foram descritos no Apêndice I.

2.4 Considerações e limitações do inquérito ECa

Os elementos básicos de um estudo de campo à escala CE_a para aplicação incluem: (i) conceção do estudo EC_a , (ii) recolha de dados geo-referenciados EC_a , (iii) conceção de amostras de solo com base em dados geo-referenciados EC_a , (iv) recolha de amostras de solo, (v) análise físico-química das propriedades pertinentes do solo, (vi) se a salinidade do solo for uma preocupação primordial, calibração estocástica ou determinística da CE_a para a salinidade determinada pela amostra de solo através da condutividade eléctrica do extrato de saturação, (vii) análise estatística espacial, (viii) determinação das propriedades dominantes do solo que influenciam a medição da CE_a no local de interesse e (ix) desenvolvimento de SIG (Corwin e Lesch, 2005).

Embora os levantamentos da CEa sejam um meio rápido, fiável e económico de caraterizar a variabilidade espacial de uma série de propriedades **físico-químicas**, existem também limitações. As medições da CEa, por si só, não caracterizam diretamente a variabilidade espacial do solo. As medições da CEa fornecem informações directas limitadas sobre as propriedades físico-químicas que influenciam o rendimento ou determinam a qualidade do solo. Em vez disso, as medições do ECa fornecem a informação espacial necessária para orientar a amostragem do solo. As medições do ECa são uma ferramenta rentável para **direcionar a amostragem** do solo, pelo que são inestimáveis para caraterizar a variabilidade espacial. Além disso, a amostragem do solo orientada pela ECa só pode caraterizar espacialmente as propriedades do solo que se correlacionam com a ECa e que são medidas por esta. A condutividade eléctrica **aparente** do solo é uma medida complexa que requer conhecimento e experiência para ser interpretada. As amostras de solo são obrigatórias para se poder compreender e interpretar as medições espaciais da CEa. Sem amostras de solo de referência, um estudo de CE_a terá um valor mínimo. As medições espaciais de CE_a não complementam a necessidade de amostragem do solo, mas minimizam o número necessário para caraterizar a variabilidade espacial. Os utilizadores dos dados do levantamento EC_a devem ter cuidado e estar cientes do que o EC_a está realmente a medir no local de interesse (Corwin e Lesch, 2005). A CEa não é uma ferramenta que possa substituir completamente um especialista treinado em levantamento de solos, mas tem potencial como ferramenta de levantamento de solos em situações em que os campos contêm solos com grandes intervalos de valores de CEa. No que diz respeito aos objectivos de cartografia do solo, é pré-requisito a existência de pessoal bem treinado tanto no levantamento do solo como na teoria subjacente à utilização da instrumentação ECa. A informação densa do levantamento ECa pode não funcionar para o mapeamento do solo em todas as situações e o indivíduo que interpreta os resultados ECa para aplicações de mapeamento do solo precisa de ter um conhecimento dos solos que estão a ser mapeados antes de interpretar os resultados ECa (Brevik et. al., 2006).

2.5 Factores que afectam a variabilidade das medições de ECa

A variação da CEa num campo deve-se à variação espacial das propriedades do solo que influenciam a CEa. Varia devido a gradações na salinidade, teor de argila e mineralogia, textura, capacidade de troca catiónica e teor de água através do perfil do solo e da temperatura do solo (McNeill, 1980). Além disso, para os solos de clima húmido que contêm uma quantidade negligenciável de sais, a variação espacial do sinal de CEa é controlada principalmente pelo teor de argila e pela mineralogia associada (Lesch et. al., 2005; Auerswald et. al., 2001). A condução eléctrica aparente do solo em solos suficientemente húmidos faz-se principalmente através dos sais contidos na água do solo que ocupam os poros maiores; consequentemente, a medição da CEa do solo a granel está intimamente relacionada com a salinidade do solo. No entanto, há também uma contribuição da fase sólida para a CEa em solos húmidos, principalmente através dos catiões permutáveis associados aos minerais de argila. Existe uma outra via através das partículas do solo em contacto direto e contínuo umas com as outras (Rhoades et. al., 1999). Estas três vias de fluxo de corrente contribuem para as leituras de ECa (Figura 5).

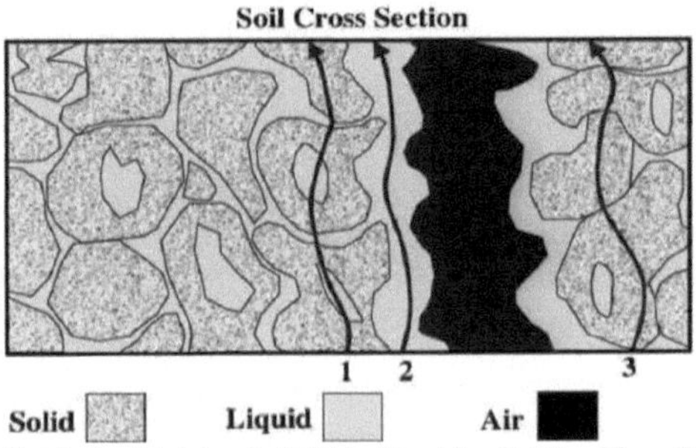

Figura 5. Vias de condutividade eléctrica 1. Sólido-líquido, 2. Líquido e 3. Sólido (modificado de Rhoades et. al., 1989)

2.5.1 Textura e outras propriedades físicas

A textura do solo pode causar padrões espaciais extremamente complexos de CEa. Sob uma distribuição uniforme de irrigação, o conteúdo de água geralmente coincide com a textura. Complexidades mínimas nos padrões espaciais de CEa ocorrem quando a variabilidade da textura do solo é mínima. Isto também acontece quando as mudanças de textura são suaves e graduais ao longo do campo ou quando as variações de textura, teor de água e salinidade estão fortemente correlacionadas. As formas não esféricas das partículas e as grandes distribuições granulométricas tendem a diminuir a CEa. Outras propriedades físicas também afectam as leituras do ECa em vários graus, incluindo a suscetibilidade magnética, especialmente quando os solos são ricos em óxidos de ferro livres, a composição iónica dos solutos do solo, a estrutura da camada superficial do solo e a densidade aparente (Waller et. al., 2007; Corwin e Lesch, 2005; Schumann e Zaman, 2003).

2.5.2 Teor de humidade do solo

S O teor de água do óleo é outra propriedade dinâmica do solo que varia com a profundidade e na paisagem, geralmente com uma variabilidade moderada a elevada à escala local, o que afecta as medições da CEa. Brevik (2006) referiu que mais de 50 % da variabilidade da leitura da CEa do solo é causada pela humidade e ajuda a antecipar a magnitude e a gama de leituras de CEa esperadas de um determinado solo. É importante recordar que, se o teor de água do solo for demasiado baixo, as leituras EM podem ficar seriamente atenuadas. Os dados fiáveis do sinal EM serão obtidos quando o solo estiver húmido, próximo ou na capacidade de campo. As práticas agronómicas, como a gestão da irrigação, têm um efeito pronunciado na distribuição da CEa num campo, uma vez que a fração de lixiviação e a qualidade da água de irrigação afectam o teor de água do solo (Benson et al., 1997; Corwin et. al., 2006). Além disso, a topografia da superfície desempenha um papel significativo na influência da variação espacial da CEa. A inclinação e o aspeto determinarão o nível e a localização do escoamento e da infiltração, o que influenciará a variação do teor de água e da salinidade a escalas locais e maiores. Além disso, outra fonte de variação potencial da CEa resulta da compactação do solo causada por padrões de tráfego repetitivos de equipamento agrícola pesado (Corwin e Lesch, 2005).

2.5.3 Temperatura

Com relação à temperatura, uma mudança de 1° C na temperatura em todo o perfil do solo normalmente não causa mais do que uma mudança de 2% nas leituras do sinal EM-38. Uma vez que as flutuações de temperatura do solo abaixo de 0,3 m no perfil do solo ocorrem de forma bastante lenta, todo o processo de pesquisa pode normalmente ser concluído antes que ocorra uma mudança significativa na temperatura média do perfil do solo. Além disso, deve-se ter cuidado ao transformar os valores de ECa medidos em campo para a ECa numa temperatura de referência (25° C) (Sheets e Hendrix, 1995).

No entanto, existem muitos factores que afectam a CEa e Friedman (2005) resumiu-os em três categorias: a) o solo a granel e as respectivas fracções volumétricas ocupadas pelas três fases e possíveis configurações estruturais secundárias (agregação): porosidade, teor de água e estrutura, b) a segunda categoria são os quantificadores importantes de partículas sólidas que são relativamente variáveis no tempo: forma e orientação das partículas, distribuição do tamanho das partículas, capacidade de troca catiónica (CEC), molhabilidade e, c) factores relacionados com os atributos da solução do solo que mudam rapidamente em resposta a alterações nas condições de gestão e ambientais - a força iónica, a composição catiónica e a temperatura. Além disso, o autor discutiu os papéis dos vários atributos geométricos e interfaciais do solo e da sua solução, na determinação da condutividade eléctrica efectiva do solo e observou que a salinidade do solo e o teor volumétrico de água do solo são os principais factores que afectam a CEa do solo, sendo a dependência do teor de água sempre mais forte.

2.7 Análise geoestatística de dados espaciais

A análise estatística começa com uma análise exploratória de dados para verificar a correção dos dados adquiridos e também para se familiarizar com os diferentes conjuntos de dados que podem ser obtidos a partir de uma amostra de solo ou com um sensor de solo. O termo "Geoestatística" refere-se à análise estatística de fenómenos que variam de forma espacial contínua. As observações geo-referenciadas estão quase sempre correlacionadas, até certo ponto, com a distância entre as observações. Isto corresponde à sensação intuitiva de que os locais próximos uns dos outros tendem a ter valores mais semelhantes do que os mais afastados. A geoestatística consiste frequentemente em variografia e krigagem. A variografia utiliza semivariogramas para caraterizar e modelar a variância espacial dos dados, enquanto a krigagem utiliza a variância modelada para estimar valores entre amostras. A escala de variação espacial das variáveis e a previsão espacial através da estimativa dos valores de uma variável-alvo numa localização não amostrada é determinada, o que também é referido como interpolação espacial ou mapeamento (Hengl et. al., 2004). Os métodos de análise geoestatística têm-se revelado úteis para a caraterização e mapeamento da variação espacial das propriedades do solo e têm sido objeto de um interesse crescente por parte dos cientistas do solo e dos engenheiros agrícolas nos últimos anos (Webster e Oliver, 2001; Corwin e Lesch, 2005).

2.8 Estado de caraterização dos recursos do solo no Bangladesh

O Bangladesh é um país relativamente rico em informações sobre a terra e os recursos do solo. Dispõe de relatórios e mapas convencionais de reconhecimento (escritos em inglês) e semi-detalhados (1:50.000) do solo (preparados em bangla) para todo o país. Brammer (2002) referiu que, devido à quantidade de informação recolhida, o levantamento foi mais pormenorizado do que o termo reconhecimento por vezes indica, enquanto o relatório do levantamento semi-detalhado é atualmente utilizado para o planeamento a nível nacional e local na agricultura e nas decisões de gestão. O Soil Resource Development Institute (SRDI), o antigo Departamento de Levantamento dos Solos, efectuou levantamentos de reconhecimento dos solos, que produziram um total de 34 volumes. A abordagem dos levantamentos baseou-se na interpretação intensiva de fotografias aéreas, seguida de um exame de campo dos solos ao longo de transversais planeadas das paisagens. O 'Soil Survey Manual' do USDA foi utilizado para descrever o solo e as unidades cartográficas. Os solos foram provisoriamente correlacionados com a *Taxonomia de Solos* do USDA (Soil survey staff, 1993) e também com a legenda de solos da FAO-UESCO (FAO-UESCO, 1988). No entanto, a classificação dos solos foi apoiada por dados analíticos físicos e químicos. Os solos foram cartografados em termos de associações geográficas ou complexos de séries e fases de solos. Os relatórios incluem uma descrição algo pormenorizada dos solos, das suas relações com o ambiente e com a utilização das terras existentes, bem como das suas potencialidades e limitações em termos de desenvolvimento. São fornecidos mapas sobre associações de solos e associações de capacidade de uso da terra à escala de 1:125.000 e associações de uso da terra à escala de 1:500.000. Os levantamentos de solos de reconhecimento identificaram 483 séries de solos e 38 tipos de terras diversos, que ocorrem em 28 subunidades cartográficas distribuídas pelas principais unidades fisiográficas, ou seja, planície de inundação, terraço pleistocénico e colinas terciárias (SRDI, 1986).

Durante o período de 1984-1992, foi efectuado um levantamento semi-detalhado em todo o país para determinar o estado dos nutrientes do solo através da análise química de amostras compostas do solo superficial, interpretação, recomendação de fertilizantes, padrão de utilização das terras e especificação das doses necessárias de fertilizantes específicos para as culturas. Este trabalho intensivo e volumoso deu finalmente origem ao "Guia de utilização dos recursos da terra e do solo" ou "Upazila Soil Guide" (USG) para cada distrito do país. O mapa do guia foi produzido na escala 1:50.000, mas não foi possível mostrar a distribuição espacial nesses mapas. A legenda adaptada inclui tipos de terras, séries e grupos de solos, cor do solo, textura do solo, consistência do solo, reação do solo, condição de drenagem e indicação de zonas térmicas e agro-ecológicas dentro de uma Upazila (nível administrativo mais baixo). As potencialidades deste recurso não foram totalmente exploradas devido à falta de actividades de extensão, planeamento e actividades de atualização atrasadas (Saheed, 1992).

2.9 Utilização dos solos do Bangladesh

A utilização dos solos do país é determinada principalmente pelo clima das monções e pelas inundações sazonais provocadas pelas chuvas que afectam a maior parte do país. Estas determinantes físicas são reforçadas pela elevada pressão populacional e pelas alterações ao ambiente natural através de intervenções de proteção contra as inundações, drenagem e irrigação que alteram o manto sempre verde do Bangladesh. As povoações das planícies aluviais concentram-se normalmente nas terras mais altas, rodeadas de terras agrícolas que se estendem até às terras mais baixas, que são mais profundamente inundadas na estação das cheias. Assim, as terras agrícolas em redor de uma "aldeia típica" são compostas por uma variedade de tipos de solo e de profundidade de inundação, tal como as propriedades agrícolas fragmentadas dos agricultores em todo o país.

O clima do Bangladesh proporciona condições adequadas para o cultivo de culturas tropicais, como o arroz e a juta, na estação quente das chuvas, culturas temperadas, como o trigo, o milho e a batata, incluindo leguminosas e oleaginosas, nos meses frios de inverno, e culturas subtropicais, como a cana-de-açúcar e a banana, durante todo o ano. No Bangladesh, são cultivadas mais de 50 culturas diferentes. No entanto, a elevada precipitação e as inundações sazonais tornam as condições particularmente adequadas para a cultura do arroz, que ocupa cerca de 80% da superfície cultivada. Existem duas épocas principais de cultivo (Kharif e Rabi) e três épocas de cultivo de arroz (Aus, arroz Aman transplantado e Boro - arroz de primavera). A estação Kharif compreende uma parte inicial (pré-monção e início da monção), em que o arroz Aus e a juta são as principais culturas, e uma parte posterior (segunda metade da estação da monção e início da pós-monção), em que o arroz Aman transplantado é a principal cultura, sendo o arroz Aman de águas profundas semeado antes da monção e colhido depois da monção. A maior parte das terras produz duas colheitas por ano, exceto uma parte do Barind Tract (BT), e algumas produzem três (ou mesmo quatro) colheitas (Brammer, 2002).

Capítulo 3

3. Materiais e métodos

3.1 Localização

O local de estudo do terraço situa-se entre a latitude 25° 39' 29" N e a longitude 88° 35' 44" E no distrito de Dinajpur e o local da planície de inundação situa-se entre a latitude 24° 43' 11,68" N e a longitude 90° 25' 35,58" E no distrito de Mymensingh no Bangladesh (Figura 6).

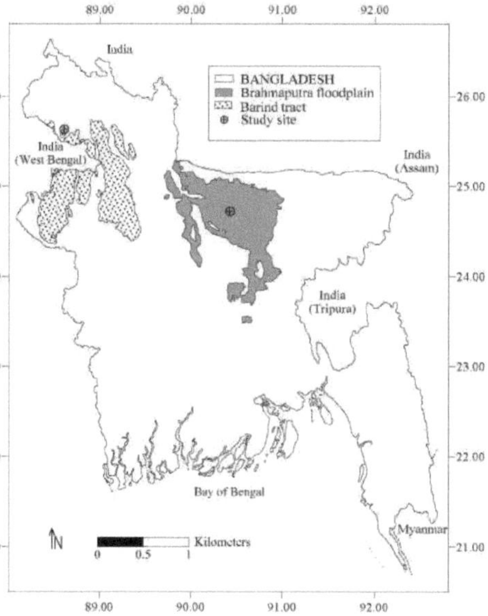

Figura 6. Localização do terraço (Barind Tract) e do local da planície de inundação no mapa do Bangladesh

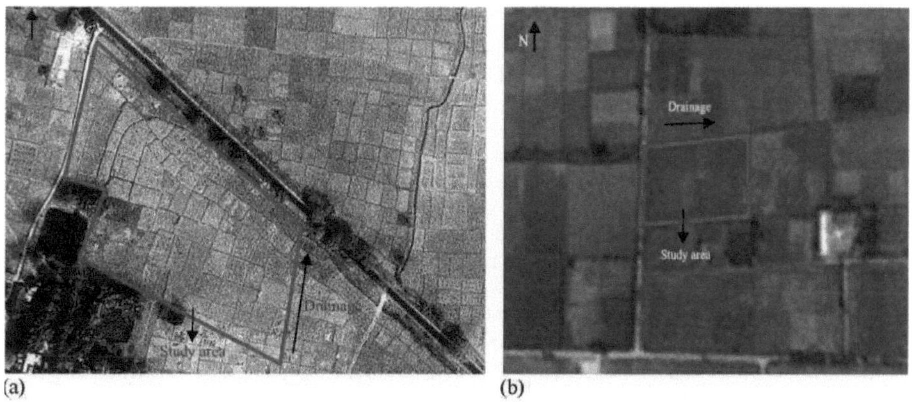

Figura 7. A localização da (a) área de estudo do terraço (2,02 ha), (b) área de estudo da planície de inundação (0,8 ha), imagem do google earth, datada de: 31 de janeiro de 2010

3.2 Sítio do terraço

3.2.1 Geologia dos solos de terraço do Bangladesh

Os solos do terraço (vulgarmente conhecidos como Barind Tract (BT)) situam-se na unidade fisiográfica do Pleistoceno, que ocupa uma paisagem quase plana a suavemente ondulada. Esta é maioritariamente constituída por aluviões mais antigos que diferem da planície de inundação circundante. É constituída por três subunidades principais: BT de nível, BT de altitude e BT nordeste. A BT é pavimentada por sedimentos do Pleistoceno, compactos e pegajosos, conhecidos como argila de Madhupur (MC). Este substrato semi-consolidado está sujeito a intempéries variáveis, de cor castanha ou castanha-amarelada, profundamente oxidado e presume-se que seja de origem fluvial e depositado no final do último período glaciar. A maior parte deste troço é constituída por solos de cobertura siltosos mal drenados e mosqueados, fundidos com MC a uma profundidade menor. A BT é fragmentada, sendo constituída por blocos de falhas de elevação separados na parte nordeste do país. Abrange uma área total de aproximadamente 7.770 km^2 (Brammer, 2002 e 1996; Ibrahim e Baset, 1973).

3.2.2 Hidrologia da BT

A BT é delimitada por três rios: o Karatoya a leste, o Mahananda a oeste e a margem norte do Ganges a sul, mas atualmente os fluxos naturais de água diminuíram notavelmente, fazendo com que vários afluentes do rio estejam quase extintos na região. Os contornos da BT sugerem a existência de dois níveis de terraço: 40 m e outro entre 19,8 - 22,9 m. Cerca de 47 % da região da BT está classificada como terra alta, cerca de 41 % como terra média alta e o resto como terra baixa. A maioria dos solos é inundada superficialmente pela água da chuva dentro dos fossos dos campos ou pelo lençol freático elevado na estação das chuvas (Brammer, 1996; Rashid, 1991).

3.2.3 Solo de BT

O solo é imperfeitamente a mal drenado e desenvolve-se em MC pouco intemperizado em áreas planas da BT. O solo superior é siltoso e cinzento claro, geralmente oxidado com manchas castanhas amareladas ao longo de fendas e canais radiculares, e tem um baixo nível de matéria orgânica. O solo pertence à série de solos Amnura e subgrupo - Aeric Haplaquept e ordem - Inceptisols na *taxonomia de solos do* USDA. A camada cultivada é poça e reduzida na época das monções e sob arroz de regadio na época seca. O solo torna-se branco e pulverulento quando seco. A reação é média ou fortemente ácida quando seco, mas a camada superficial torna-se neutra em condições reduzidas. O subsolo tem uma textura mista castanho-amarelada e cinzenta, mosqueada de vermelho, franco-siltosa ou franco-argilosa siltosa, geralmente friável e porosa. O solo apresenta um aumento acentuado das manchas e do teor de argila com a profundidade. O substrato é uma argila plástica pesada, fortemente estruturada e compactada. O solo tem uma baixa fertilidade natural e uma baixa capacidade de retenção de humidade. A baixa estabilidade estrutural da camada superior do solo e a presença de um tabuleiro de lavoura são benéficas para o arroz transplantado, mas apresentam graves limitações para as culturas de sequeiro (Brammer, 2002 e 1996; Ibrahim e Baset, 1973).

3.2.4 Clima de BT

A BT situa-se na região das monções do hemisfério dominante no verão, sendo geralmente bastante quente e considerada semi-árida. O trópico de cancro situa-se a sul desta região. O clima da região é geralmente quente e húmido. A precipitação é comparativamente pequena nesta região, a média anual varia entre 1500-1750 mm, o que é bastante baixo em comparação com outras partes do país. A precipitação ocorre principalmente durante a monção, variando de local para local e de ano para ano. Esta região já foi designada como propensa à seca e sofre de escassez de vegetação. A sua temperatura média varia entre 35 °C e 25 °C na estação mais quente e entre 9 °C e 15 °C na estação mais fria. No verão, alguns dos dias mais quentes registam uma temperatura de cerca de 45° C ou mesmo mais e, no inverno, desce para cerca de 5 -10 °C em alguns locais. A BT regista extremos que contrastam claramente com a condição climática do resto do país (Brammer, 2002 e 1996; USG-Birol, 2008).

3.2.5 Levantamento de indução electromagnética (EMI)

O sensor de condutividade do solo utilizado nesta investigação foi o EM38, que é um sensor de solo proximal não invasivo. O levantamento da CEa foi realizado em 25 de julho de 2009 e as medições pontuais foram efectuadas num espaçamento de 17 por 10 m de um campo húmido. A calibração foi efectuada de acordo com os passos descritos no Manual de Operações do EM38. Os dados de ECa em mS m^{-1} foram registados num computador portátil. O EM38 foi utilizado em ambos os modos de medição, ou seja, orientação horizontal (ECa-H) e orientação vertical (ECa-V). Todas as medições foram devidamente georreferenciadas com um GPS altamente sensível fabricado pela Navilock®. Os dados ECa são expressos a 25 °C (Sheets e Hendrix, 2005), durante as medições ECa a temperatura do solo foi registada a 20 cm de profundidade utilizando um termómetro de solo. Como a temperatura do solo era estável a 25,3 °C, não foi necessária qualquer correção da temperatura dos dados ECa no local do terraço.

3.2.6 Conceção da amostragem do solo

O campo foi amostrado de acordo com um desenho de amostragem em grelha em 104 locais numa base de grelha de 17 por 10 m numa área representativa de 2,02 ha. Foram recolhidas amostras compostas de solo num raio de 1 m. As amostras de solo foram colhidas em três incrementos de profundidade (0-30 cm, 30-60 cm e 60-90 cm) através de brocas a partir dos locais geo-referenciados marcados na semana seguinte ao levantamento ECa. As amostras foram analisadas pelo laboratório central do Soil Resource Development Institute (SRDI), Bangladesh.

3.2.7 Análise física e química do solo

Distribuição do tamanho das partículas

A textura foi determinada pelo método do hidrómetro descrito por Day, 1965. A solução de Calgon (hexametafosfato de sódio) foi utilizada para dispersão. As densidades da suspensão do solo foram medidas após vários tempos, pelo que foi calculada a distribuição do tamanho das partículas. Foram determinadas as seguintes fracções de tamanho de USDA: Areia (>50 gm), Silte (2-50 gm) e Argila (<2 gm).

Reação do solo

O pH foi determinado por um medidor de pH de elétrodo de vidro na suspensão de solo com uma relação solo: água de 1:2,5, após 30 minutos de agitação.

Matéria orgânica (OM)

Para a determinação da matéria orgânica, foi utilizado o método de combustão a seco (Loss on Ignition-LOI). Após secagem em estufa (24 h a 105° C) da amostra até um peso constante, a matéria orgânica é queimada em cinzas e dióxido de carbono a uma temperatura entre 500 - 550° C. Supõe-se que toda a matéria orgânica seja volatilizada como H_2O e CO_2. A perda de peso corresponde ao teor de matéria orgânica do solo.

Azoto total (N)

O teor de azoto total dos solos foi determinado pelo método de digestão Kjeldahl. Para a digestão das amostras de solo, foi utilizada uma mistura de catalisadores (K_2SO_4: $CuSO_4$, $5H_2O$: Se = 10: 1: 0,1), 30% de H2O2 e H2SO4 conc. O azoto foi estimado por destilação com NaOH a 40%, seguida de titulação do destilado retido em H_3BO_3 com 0,01 N H_2SO_4.

Fósforo (P)

O teor de P disponível foi determinado pelo método de Bray e Kurtz (1945), utilizando os extractantes HCL e NH_4F, e trabalhado através da dissolução dos minerais Al-P e Fe-P que controlam as concentrações de fosfato em solos ácidos.

Capacidade de permuta catiónica (CEC)

Após saturação com $BaCl_2$ -TEA e uma lavagem com água, o solo foi agitado com uma quantidade conhecida de $MgSO_4$ e centrifugado. O Mg remanescente numa alíquota do líquido sobrenadante foi titulado com EDTA usando o indicador preto de ericcromo T e subtraído de uma determinação em branco para o cálculo de CEC (Hendershot e Duquette, 1986).

Potássio (K+), Cálcio (Ca^{2+}) e Magnésio (Mg)$^{2+}$

Foi utilizado o método de extração com acetato de amónio (NH_4 OAc), que extrai as fracções hidrossolúveis e rapidamente permutáveis dos catiões alcalino-terrosos por deslocação com NH_4^+ dos locais de permuta. Para o efeito, o solo é lavado com uma solução de 1 M de NH_4 OAc ajustada a pH 7,0. Após filtração, as quantidades de K são determinadas por emissão de chama, e as de Ca^{2+} e Mg^{2+} por espetroscopia de absorção atómica (AAS) (Knudsen et. al., 1982).

Saturação da base

A saturação de bases refere-se ao número relativo (percentagem) dos sítios CEC nos colóides do solo que são ocupados por bases como o cálcio (Ca^{2+}), o magnésio (Mg^{2+}), o potássio (K^+) e é calculada como,

$$\% \text{ Saturação de base} = [(Ca^{2+} + Mg^{2+} + K^+)/CEC]*100$$

3.2.8 Análise estatística e geoestatística

A análise dos dados foi efectuada em três fases: i) A distribuição foi analisada através de estatísticas clássicas (média, mediana, máximo, mínimo, variância, desvio padrão, assimetria, curtose e coeficiente de variação, frequência a partir de histogramas e gráficos de dispersão). A assimetria é considerada como a forma mais comum de desvio da normalidade. As análises estatísticas exploratórias foram realizadas pelo PASW 18.0 (Predictive Analytics SoftWare) Statistics, ii) para descobrir a estrutura espacial das propriedades seleccionadas do solo, foi utilizada a variografia, os variogramas foram calculados e modelados com o software VARIOWIN 2.2 (Pannatier, 1996) e iii) os mapas krigados da distribuição espacial das propriedades seleccionadas do solo foram construídos utilizando a versão SURFER
9.2 (Golden Software, Inc.). Foi utilizada a técnica de krigagem ordinária.

3.2.8.1 Variação espacial através da variografia

A geoestatística considera as propriedades do solo como variáveis contínuas e modela-as como realizações de uma função aleatória ou de um processo aleatório (Webster, 2001). Para caraterizar uma função aleatória, os pressupostos limitam-se à hipótese intrínseca. A hipótese intrínseca pressupõe a estacionariedade dos momentos de primeira e segunda ordem dos incrementos [Z(x+h)-Z(x)] da função aleatória, em que x é o vetor de localização e h é um desfasamento espacial. Isto implica que o valor esperado dos incrementos [Z(x+h)-Z(x)] é zero e a sua variância existe e ambos são independentes da posição x. As duas condições são expressas da seguinte forma

$$[Z(x+h)-Z(x)] = 0 \quad \forall x$$

$$\text{Var}\,[Z(x+h)-Z(x)] = E\,[(Z(x+h)-Z(x))^2] = 2\gamma(h) \quad \forall x$$

Em que, y (h) é a semivariância, geralmente designada por (semi) variograma.

A semivariância mede a dissimilaridade média entre dados separados pelo vetor h e pode ser calculada com base numa série de observações z (x_a) (Goovaerts, 1997):

$$\gamma(\mathbf{h}) = \frac{1}{2N(h)} \sum_{\alpha=1}^{N(h)} [\, z\,(x_\alpha + \mathrm{h}) - z\,(x_\alpha)]^2$$

Em que, y (h) é a semivariância calculada para um vetor de desfasamento h entre as observações z (x_a) e z (x_a +h) e *N (h)* o número de pares de observações separados por h.

Idealmente, os pares de observações próximas devem apresentar uma semi-variância mais pequena, enquanto os pares de observações mais afastadas devem apresentar uma semi-variância grande. Um gráfico do y(h) calculado versus h produz os variogramas experimentais aos quais se ajusta um modelo teórico. Quatro dos modelos de variogramas mais comuns são o esférico, o exponencial, o gausiano e o linear (Burrough, 1993). Ao contrário dos três primeiros tipos de modelos, o modelo linear descreve um variograma não limitado, o que significa que o variograma aumenta com o aumento da distância de desfasamento. Os variogramas limitados são caracterizados por três parâmetros que descrevem a variância espacial na área de estudo: a variância da pepita (c_0), a variância da soleira ($c_0 + C_1$) e a amplitude (r). Em teoria, a semi-variância em h = 0 é zero, mas verifica-se frequentemente que, à medida que a distância de desfasamento se aproxima de zero, a semi-variância permanece um valor positivo, designado por "nugget". A pepita é a interceção do variograma com o eixo Y e representa a variação dependente da espacialidade não explicada (microvariabilidade a distâncias mais próximas do que o menor desfasamento de amostragem) ou a variância puramente aleatória (como o erro de medição ou de amostragem). A semi-variância aumenta com o aumento do desfasamento até estabilizar num valor máximo, a variância imóvel. A distância de desfasamento à qual se atinge o valor máximo é designada por intervalo. A variância fixa é a variância amostral a priori ou^2 e o intervalo representa o limite da dependência espacial, uma vez que a essa distância a autocorrelação se torna zero. Para além do intervalo, a diferença esperada entre duas observações é máxima (igual ao sill) e independente da distância de desfasamento entre elas. A distâncias inferiores ao intervalo existe uma dependência espacial entre duas observações que aumenta com o aumento da distância de desfasamento. Assim, os variogramas descrevem o padrão de variabilidade espacial em termos da sua magnitude, escala e forma geral (Oliver, 1987).

3.2.8.2 Previsão espacial através de Kriging

A krigagem é uma ferramenta geoestatística que permite prever o valor de uma variável numa localização não amostrada com base em observações amostrais efectuadas na sua vizinhança. Trata-se de um estimador linear ponderado em que os pesos são derivados utilizando o variograma, assegurando uma estimativa não enviesada com um erro de estimativa mínimo (Webster e Oliver, 1990). A krigagem fornece um estimador linear não enviesado (Best Linear Unbiased Estimator - BLUE) (Burrough e McDonnel, 1998). Estão disponíveis vários algoritmos de Krigagem, como a Krigagem ordinária e a Krigagem simples, que utilizam a variável-alvo (primária) para efetuar previsões. Por outro lado, técnicas como a co-krigagem utilizam a variação espacial conjunta das variáveis alvo e das variáveis auxiliares densamente medidas, como a ECa, para melhorar a precisão da previsão. Nesta dissertação, a Krigagem ordinária foi utilizada como uma metodologia comum para a previsão de variáveis do solo. Os interpoladores probabilísticos visam dar uma representação óptima da parte estocástica da variável regionalizada, o interpolador local é estendido para uma forma mais geoestatística dando uma equação geral de Kriging.

Considere-se uma variável aleatória Z que tenha sido medida em *n* locais, z (xa), *a* = 1,..., *n,* o estimador de Kriging num local não amostrado x_0 pode ser escrito como:

$$Z^*(x_0) - m(x_0) = \sum_{\alpha=1}^{n(x_0)} \lambda\alpha \, . \, [z\,(x_\alpha + h) - m(x_\alpha)]$$

Em que z (xa) é o número de medições de vizinhança Z(xa) utilizadas para estimar Z*(xo), X_a são os pesos atribuídos aos dados Z(xa) que são considerados como uma realização da variável aleatória Z, e m(xo) e m(xa) são os valores esperados (ou médias) de Z*(xo) e Z(xa), respetivamente. Os oitos são calculados minimizando a variância do erro de estimativa:

$$s^2(x_0) = E\,[\{Z^*\,(x_0) - Z(x_0)\}]^2$$

Sob a condição de ausência de bautização:

$$E\,[Z^*\,(x_0) - Z(x_0)] = 0$$

3.2.8.3 Krigagem ordinária (OK)

A Krigagem ordinária é o tipo mais comum de Krigagem utilizado em geoestatística e serve para estimar um valor num ponto de uma região para a qual é conhecido um variograma, utilizando dados na vizinhança da localização da estimativa. No entanto, assume que a média das observações é desconhecida mas localmente estacionária. O estimador normal de Krigagem Z*(x_0)pode ser escrito como:

$$Z^*(x_0) = \sum_{\alpha=1}^{n(x_0)} \lambda_\alpha Z\,(x_\alpha) = 1 \qquad \text{with} \qquad = \sum_{\alpha=1}^{n(x_0)} \lambda_\alpha = 1$$

Onde n (xo) é o número de observações na vizinhança local em torno de xo e x_i são os pesos atribuídos a cada uma dessas observações que resultam na interpolação esperada.

3.3 Local da planície de inundação

3.3.1 Geologia dos solos das planícies aluviais do Bangladesh

A planície de inundação é formada por depósitos e sedimentos associados a diferentes rios do país. A maior parte das terras férteis cultiváveis pertence à planície de inundação, que é constituída por sedimentos não consolidados que ocupam cerca de 80 % do país. Estes sedimentos estão longe de ser homogéneos em termos de idade, textura ou mineralogia. Foram depositados sob diferentes condições geomorfológicas em diferentes áreas: planícies de piemonte perto do sopé de colinas (os Himalaias), planícies de inundação de meandros fluviais, planícies de inundação estuarinas e planícies de inundação de marés. Novas aluviões continuam a ser depositadas perto dos canais fluviais, mas a maior parte das planícies de inundação recebeu poucas ou nenhumas aluviões novas durante várias centenas de anos ou mais. Os rios mudaram os seus cursos de tempos a tempos no passado, fornecendo assim sedimentos de diferentes idades em diferentes locais. Os sedimentos da planície de inundação têm um elevado teor de silte. O local de estudo pertence a um solo de planície de inundação de meandro, vulgarmente conhecido como antiga planície de inundação do Brahmaputra (BF). Este solo cobre maioritariamente um substrato arenoso a uma profundidade moderadamente rasa. A BF é o segundo solo mais extenso da região, compreendendo 1.599.645 ha, o que corresponde a 13% da área total da planície de inundação. Estas antigas planícies de inundação são terras praticamente estáveis, uma vez que o canal principal do rio se afastou, mas são atravessadas por canais tributários ou distribuidores (Brammer, 2002 e 1996).

3.3.2 Solo de BF

O solo é imperfeitamente a mal drenado, sazonalmente inundado e a inundação é predominantemente através de feixes de campo ou água da chuva das monções. Pertence à série de solos Sonatola, composta por solos cinzentos-escuros não calcários, maioritariamente de altitude média. A série de solos pertence ao subgrupo - Aeric Haplaquept e à ordem - Inceptisol na *taxonomia de solos do* USDA. O solo superficial empoçado foi cultivado para arroz transplantado e sobreposto a um tabuleiro de lavoura. A reação do solo superficial é ligeiramente ácida quando não está submerso. O subsolo é cinzento e ou cinzento-escuro ou tem revestimentos cinzentos proeminentes nas faces das fendas e poros do subsolo. O solo superficial tem uma textura franco-siltosa e franco-argilosa, enquanto o subsolo e o solo profundo têm uma textura franco-siltosa. A estratificação aluvial original a 30 cm da superfície foi quebrada por mistura biológica, o subsolo desenvolveu estrutura e manchas oxidadas (Brammer, 2002 e 1996).

3.3.3 Hidrologia da BF

A topografia, a geologia e a hidrologia do país são principalmente influenciadas pelos três grandes rios Ganges, Brahmaputra e Meghna, bem como pelos afluentes, braços de rio e canais de ligação que lhes estão associados. Há 200 anos, registou-se uma mudança notável no curso do rio Brahmaputra, que se desviou do seu curso. A nova porção do Brahmaputra é designada por rio Jamuna. O antigo curso encolheu através do assoreamento, transformando-se num pequeno canal sazonal com apenas dois quilómetros de largura e construindo diques bastante altos de ambos os lados, sobre os quais o atual rio raramente derrama a paisagem geralmente suave de amplas cristas e bacias. Esta antiga planície de inundação exibe uma morfologia suave composta por amplas cristas que estão sujeitas a inundações pouco profundas apenas na monção, devido à água da chuva acumulada, à acumulação de escoamento local e à elevação do lençol freático (Brammer, 2002 e 1996).

3.3.4 Clima de BF

São geralmente reconhecidas três estações principais no país. Um verão quente e húmido, de março a junho; uma estação das monções fresca e chuvosa, de junho a outubro; e um inverno fresco e seco, de outubro a março. Em geral, as temperaturas máximas no verão variam entre 32 °C e 38 °C. abril é o mês mais quente na maior parte do país. janeiro é o mês mais frio, quando a temperatura média na maior parte do país é de 10 °C. A precipitação intensa é caraterística do Bangladesh, com exceção da região de BT. Cerca de 80% da chuva do Bangladesh cai durante a estação das monções, de junho a outubro, com uma média anual de 2275 mm (USG-Mymensingh sadar, 2009).

3.3.5 Indução electromagnética (EMI)

O sensor EM38 foi alojado num sistema flutuante de deteção do solo (FloSSy), concebido e preparado por Islam (2009) do grupo de investigação ORBit. O FloSSy é constituído por um instrumento de deteção do solo EMI (EM38), um GPS, um computador portátil de campo, um software de processamento de dados do sensor em tempo real e de orientação do trajeto, o GPS e um veículo para puxar toda a plataforma de deteção (Figura 8). As características do FloSSy são apresentadas no Apêndice 11.

Figura 8. Sistema móvel flutuante de deteção do solo durante a medição da CEa no terreno; as vistas de perto mostram os componentes do sistema etiquetados individualmente (Islam, 2009)

As medições de CEa foram obtidas continuamente como 4 leituras por segundo, ou seja, 1 m de largura (distância entre linhas adjacentes) x 25 cm de comprimento (distância ao longo de uma linha e 1 ponto de medição representa 1 m^2 do campo (Anexo III). A medição contínua da CEa foi efectuada em duas orientações e o campo estava seco. Os dados de ECa medidos foram convertidos em ECa a 25 °C, uma vez que a temperatura do solo foi registada a 29 °C, utilizando a seguinte equação (Sheets e Hendrix, 1995):

$$EC_{25} = EC_a(0.4470 + 1.4034e^{-\frac{T}{26.815}})$$

Em que, CE_{25} = Condutividade eléctrica à temperatura de referência de 25 °C

T = Temperatura do solo em graus Celsius

3.3.6 Conceção da amostragem do solo

O campo foi amostrado de acordo com um desenho de amostragem em grelha em 20 locais numa base de grelha de 20 por 17 m numa área representativa de 0,8 ha. As amostras de solo foram colhidas em três incrementos de profundidade (030 cm, 30-60 cm e 60-90 cm) através de sondagens a partir de locais geo-referenciados na semana seguinte ao levantamento ECa. As amostras foram enviadas para o Soil Testing Laboratory, Soil Science Department, Bangladesh Agricultural University, Bangladesh e para o Soil Science Laboratory do Department of Soil Management da Ghent University, Bélgica.

3.3.7 Análise física e química do solo

Distribuição do tamanho das partículas

A análise da textura do solo foi efectuada utilizando o método da pipeta de acordo com o procedimento descrito por Gee e Bauder (1986). Vinte gramas de solo seco ao ar foram tratados com HCl (37 %) para destruir os carbonatos. Subsequentemente, os materiais orgânicos foram destruídos por aquecimento da amostra de solo com $H\ O_{22}$ (30 %) a 70^0 C até a reação parar. A amostra foi aquecida para evaporar o H2O2 e depois lavada com água destilada por três vezes para remover o excesso de HCl. Em seguida, foi adicionada uma mistura de hexametafosato de sódio ($(NaPO_3)_6$) e carbonato de sódio (Na_2CO_3) para dispersar as partículas do solo. A fração de areia foi separada por peneiração húmida através de um peneiro de 50 pm e pesada após secagem em estufa. As restantes fracções de argila e de silte (0 a 50 pm) foram colocadas numa proveta volumétrica de um litro e foi utilizada água destilada até ao volume. Imediatamente após agitar bem a solução do solo, foi pipetada uma amostra suspensa constituída pela fração siltosa e argilosa à temperatura ambiente e foi determinado o peso seco em estufa. Uma amostra de argila na suspensão do solo foi pipetada depois de deixar a fração siltosa assentar durante 6 horas e 47 minutos a 25^0 C. Foi determinado o peso seco em estufa da fração argilosa na amostra pipetada. O teor de silte foi calculado subtraindo o peso da fração argilosa do peso seco da amostra pipetada. Posteriormente, foi calculada a percentagem de areia, silte e fração argilosa.

Orgânico C

O teor de C orgânico foi determinado pelo método de Walkley e Black descrito por Nelson e Sommers (1996). Um grama de amostra de solo foi tratado com dicromato de potássio ($K2Cr2O7$) e $H2SO4$, a fim de oxidar a matéria orgânica. Após a conclusão da fase de oxidação, os iões de dicromato não utilizados ou em excesso ($Cr2O7^{-2}$) foram determinados para obter o teor de C orgânico. Por conseguinte, o digerido foi novamente titulado com sulfato ferroso ($FeSO4$). O teor de carbonato de cálcio foi obtido através do tratamento de um grama de solo com $H2SO4$ e da posterior titulação do H2SO4 não utilizado com NaOH.

Nitrogénio total (N) e reação do solo

Consultar a secção 3.2.7

Capacidade de permuta catiónica (CEC)

A capacidade de troca catiónica do solo foi determinada saturando as amostras de solo com NaOAc e substituindo o Na+ da amostra saturada por 1N NH4OAc (pH 7,0). O sódio na solução foi então determinado por fotómetro de chama a 589 nm de comprimento de onda (Chapman, 1965).

Cálcio permutável (Ca^{2+}) e potássio (K+)

Os teores de K trocável^{+} e Ca^{2+} do solo foram determinados por espetrofotómetro de absorção atómica após extração com 1N NH4OAc a pH 7,0.

Condutividade eléctrica (ECe)

A condutividade eléctrica (ECe) dos extractos aquosos do solo foi obtida a partir de uma mistura de 1:5 de solo e água por filtração a vácuo e medida através do enchimento do elétrodo EC com o extrato do solo, utilizando uma solução de KCl 0,01N para calibrar o medidor (Biswas e Mukherijee, 1987).

3.3.8 Análise estatística e geoestatística

Consultar a secção 3.2.8

Capítulo 4

4. Resultados e discussão

Esta parte descreve os resultados da análise exploratória e geoestatística dos dados das propriedades físicas e químicas do solo observadas. O objetivo era configurar a natureza e a extensão da variabilidade dentro do campo dos dois locais de estudo através da cartografia do solo. Para este efeito, foram efectuadas medições georreferenciadas da CEa, incluindo um total de 312 amostras de solo no local do terraço e 60 amostras no local da planície aluvial. A variabilidade espacial das propriedades do solo foi discutida de acordo com as características do solo superficial (0-30 cm), do subsolo (30-60 cm) e do solo profundo (60-90 cm).

4.1 Sítio do terraço

4.1.1 Estatísticas descritivas

4.1.1.1 Propriedades do solo

As propriedades do solo apresentavam uma distribuição aproximadamente simétrica. Este facto foi confirmado pelos respectivos coeficientes de assimetria (Quadro 1 e 2). A distribuição de frequência das propriedades do solo seleccionadas é apresentada nas figuras 9 e 10.

A distribuição granulométrica média do solo superficial corresponde à classe de textura franco-siltosa, enquanto as distribuições texturais do subsolo são franco-argilosas, franco-siltosas e franco-argilosas siltosas. O solo profundo correspondia claramente à classe de textura argilosa. O coeficiente de variação (CV) das fracções texturais (9 - 47 %) mostrou uma variação considerável, que foi relativamente elevada para a fração areia. As fracções texturais do solo superficial apresentaram uma grande variabilidade em comparação com o subsolo e o solo profundo, o que se reflectiu nos respectivos CV (Quadro 1). No entanto, os dados texturais foram sobrepostos no triângulo de textura do USDA (Figura 11), que indicou que mais de 90 % das observações para o solo superficial foram classificadas como limo-argilosas, 70 % do subsolo como limo-argilosas e as restantes pertencem à classe de textura limo-silto-argilosa e limo-silto-argilosa. No caso do solo profundo, a maioria das observações corresponde à classe de textura argilosa.

As propriedades químicas examinadas apresentaram uma maior variabilidade dentro do campo para todas as propriedades, exceto o N total, o que foi explicado pelos seus CV relativamente mais elevados (Quadro 2). O solo no local do terraço apresentava um elevado nível de acidez (pH médio 5,07) e um baixo nível de C orgânico (média 8,45 g kg^{-1}), que variava muito de 3,90 a 18,26 g kg^{-1} . Foi encontrado um nível médio de CEC (média de 12,63 $cmol^{+}$ kg^{-1}). A percentagem de saturação de bases no local investigado variou de 23 a 43%, com uma média de 32%. O N total foi considerado baixo e o P disponível estava num nível ótimo. O nível de catião permutável, Ca^{2+} foi observado como sendo médio, enquanto o nível de Mg^{2+} e K^{+} foram baixos. Os níveis das propriedades químicas foram determinados de acordo com o Guia de Recomendação de Fertilizantes (2005). Os limites críticos são apresentados no apêndice IV.

Tabela 1. Estatísticas descritivas das fracções texturais no local do terraço, n = 104

Solo superficial (0-30 cm)

Variável	Média	Mediana	Mínimo	Máximo	Desvio	Desvio padrão	Skewness	Curtose	CV (%)
Argila	23	23	15	29	13.95	3.74	-0.28	-0.98	16
Silte	60	60	49	70	30.29	5.50	0.00	-1.16	9
Areia	17	17	4	35	64.36	8.02	0.15	-1.11	47

Subsolo (30-60 cm)

Argila	38	38	32	45	12.24	3.50	0.13	-1.27	9
Silte	40	30	32	47	11.88	3.45	0.20	-0.63	9
Areia	22	24	9	36	42.44	6.51	-0.27	-0.10	30
Solo profundo (60-90 cm)									
Argila	43	44	34	55	21.27	4.61	0.00	-0.64	11
Silte	31	40	22	37	10.86	3.30	-0.23	-0.31	11
Areia	26	27	12	39	42.83	6.54	0.04	-0.96	25

Tabela 2. Estatísticas descritivas das propriedades químicas do solo superficial no sítio do terraço, n = 104

Variável	Unidades	Média	Mediana	Mínimo	Máximo	Desvio	Std. dev.	Skewness	Curtose	CV (%)
pH da água		5.07	5.00	4.30	6.20	0.19	0.44	0.33	-0.90	9
C orgânico	g kg^{-1}	8.45	7.67	3.90	18.26	7.89	2.81	1.33	1.88	33
Total N	g kg^{-1}	1.16	1.20	0.30	2.30	0.23	0.48	0.03	-0.86	4
Avil. P	mg kg^{-1}	19.43	19.97	11.67	26.94	11.37	3.37	0.23	-0.59	17
CEC	$cmol^{+}$ kg^{-1}	12,63	12.50	8.50	17.30	4.02	2.00	0.37	-0.60	16
Ca^{2+}	$cmol^{+}$ kg^{-1}	3.10	2.93	2.11	4.74	0.32	0.57	0.64	-0.29	18
Mg^{2+}	$cmol^{+}$ kg^{-1}	0,83	0.84	0.21	1.32	0.07	0.26	-0.26	-0.76	31
K^{+}	$cmol^{+}$ kg^{-1}	0,14	0.13	0.07	0.31	0.00	0.04	1.35	3.04	29
Saturação da base	%	32	32	23	43	13.54	3.68	0.27	0.47	12

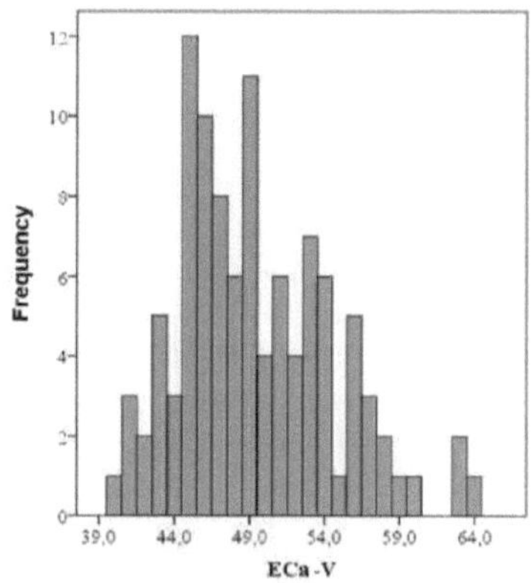

(a)

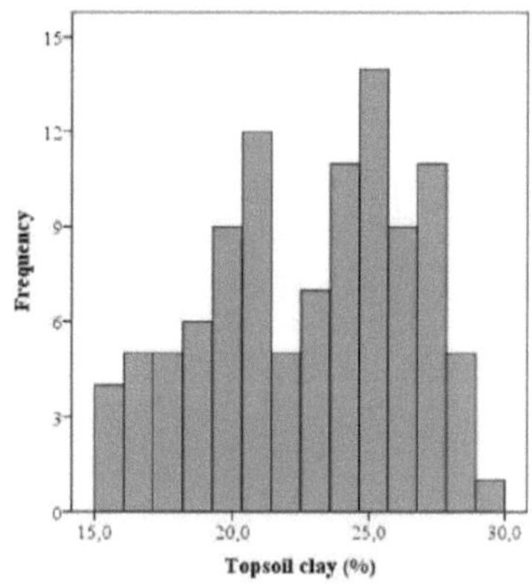

(b)

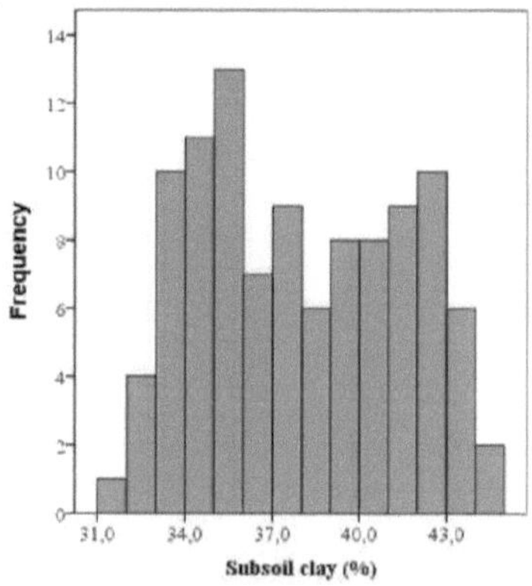

(c)

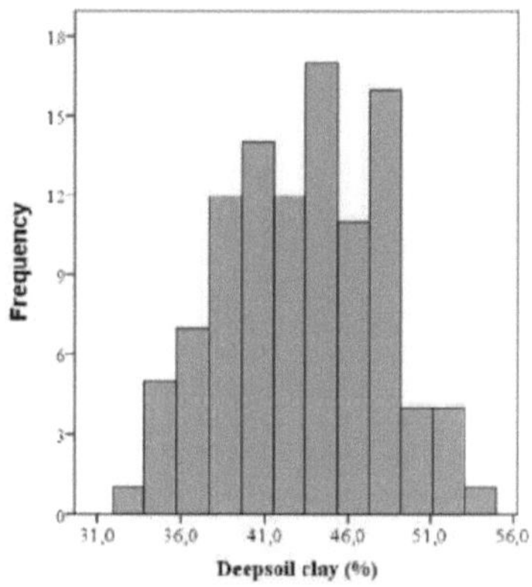

(d)

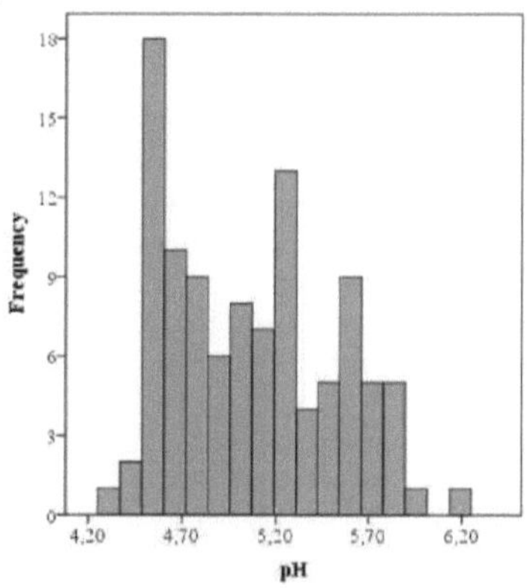

(e)

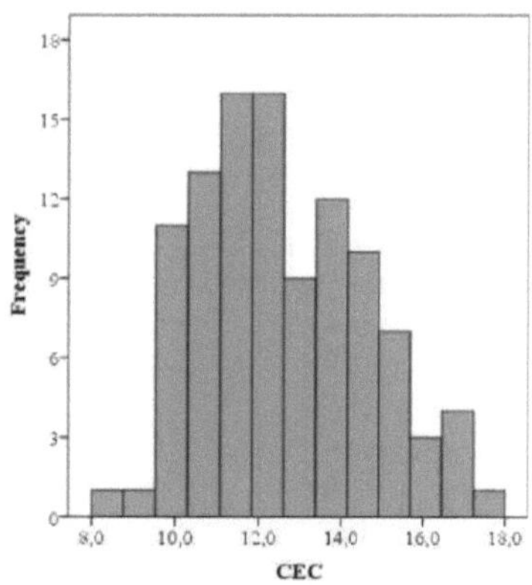

(f)

Figura 9. Histogramas de a) ECa-V (mS m^{-1}), b) argila do solo superficial, c) argila do subsolo, d) argila do solo profundo e) pH, e f) CEC (cmol+ kg^{-1}) no local do terraço

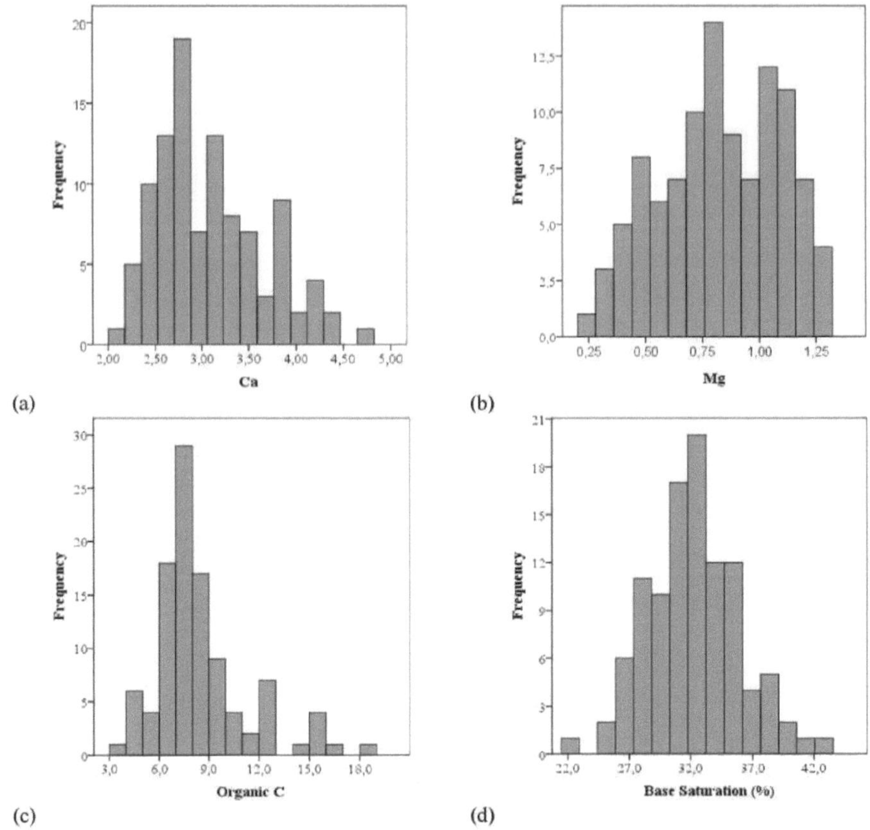

Figura 10. Histogramas de a) Ca^{2+} ($cmol^{+}$ kg^{-1}), b) Mg^{2+} ($cmol^{+}$ kg^{-1}), c) C orgânico (g kg^{-1}) d) Saturação de bases (%) no terraço

4.1.1.2 Condutividade eléctrica aparente (ECa)

As medições de ECa foram aproximadamente de distribuição simétrica e inclinadas para a direita. As leituras de ECa variaram de 32 a 53 mS m^{-1} e de 40 a 64 mS m^{-1} para a orientação horizontal e vertical da medição, respetivamente, no local do terraço. As leituras da medição ECa-V foram relativamente maiores do que as **da medição** simultânea ECa-H (Tabela 3). Os coeficientes de variação (CV) foram da mesma ordem em ambas as **orientações**. As medições de ECa nas duas orientações estavam bem correlacionadas, com um coeficiente de correlação linear positivo de r = 0,81.

(a) Textura do solo superficial

(b) Textura do subsolo

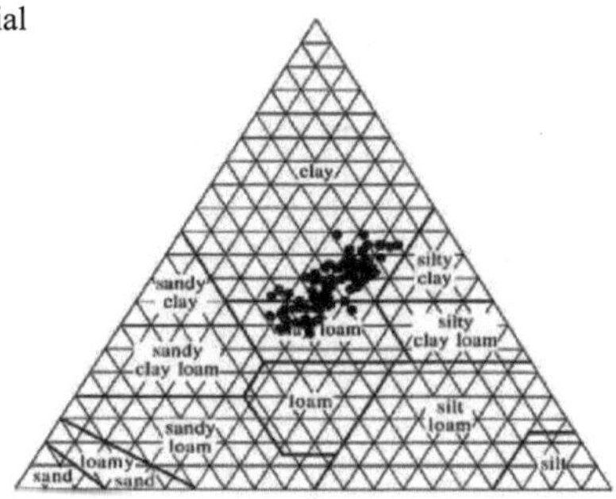

(c) Textura do solo profundo

Figura 11. Distribuição das classes texturais a) solo superficial, b) subsolo e c) despojo no triângulo de textura USDA no local do terraço

Tabela 3. Estatística descritiva das medições de ECa (mS m^{-1}) no local do terraço

Variável	n	Média	Mediana	Míni mo	Máxi mo	Desvio	Std. dev.	Skewness	Curtose	CV (%)
ECa-H	104	39.3	38	32	53	22.83	4.78	0.88	0.41	10
ECa-V	104	49.4	49	40	64	26.49	5.15	0.63	0.09	10

ECa-H e ECa-V, ECa aparente medido no modo horizontal e vertical, respetivamente

4.1.2 Coeficientes de correlação da CEa com as propriedades texturais e químicas do solo

4.1.2.1 ECa e textura

Foram calculadas correlações do momento do produto de Pearson (r) entre a ECa e as fracções texturais, como se mostra na tabela 4. Os gráficos de dispersão são apresentados na figura 12. A melhor correlação linear positiva (r= 0,78) ocorreu entre a CEa-V e a argila do subsolo. A correlação entre a ECa-V e o solo profundo (r = 0,68) quase coincidiu com a argila do subsolo, enquanto a correlação com a argila do solo superficial foi relativamente mais baixa (r = 0,57). Os coeficientes de correlação negativos entre o ECa-V e as fracções de areia foram r = - 0,60, r = - 0,84 e r = - 0,75 para as areias do solo superficial, do subsolo e do solo profundo, respetivamente. Estas correlações foram provavelmente devidas a um aumento evidente de argila ao longo da profundidade examinada no sítio de referência. O peso dos valores de r correspondeu ao aumento da argila e indicou a importância do teor de argila na determinação das leituras de CEa do solo para solos não salinos (Kuhn et. al., 2009; Triantafilis et. al., 2009; Bronson et. al., 2005). Além disso, a variação espacial nas leituras de CEa é controlada principalmente pelo teor de argila e mineralogia para solos de clima húmido que contêm quantidades negligenciáveis de sais (Lesch et. al., 2005; Auerswald et. al., 2001). Foram observadas tendências semelhantes de correlações para a ECa-H, mas a força foi relativamente inferior à da ECa-V, como se mostra na tabela 4. O mapa krigado da ECa-V reflecte melhor a distribuição espacial das argilas do subsolo e do solo profundo do que o mapa da ECa-H. Mais especificamente, o estudo fornece um mapa de ECa-V do solo bastante representativo da extensão espacial e da magnitude do teor de argila e areia do sítio de referência. Além disso, as leituras EM38 medidas no modo de dipolo vertical foram mais preditivas do que as leituras no modo de dipolo horizontal.

Tabela 4. Correlações de Pearson (r) da CEa e das fracções texturais no local do terraço, n = 104

	ECa-V	ECa-H	T_argila	S_argila	D_argila	T_ silte	S_silt	D_ silte	Areia T_	Areia S_	Areia D_
ECa-V	1	0.81**	0.57**	0.78**	0.68**	0.47**	0.66**	0.45**	-0.60**	-0.84**	-0.75**
ECa-H		1	0.50**	0.60**	0.58**	0.28*	0.61**	0.44*	-0.43*	-0.70**	-0.65**
T_argila			1	0.62**	0.57**	0.50**	0.35*	0.25*	-0.80**	-0.56**	-0.53**
S_argila				1	0.63**	0.45*	0.56**	0.35**	-0.59**	-0.88**	-0.63**
D_argila					1	0.43*	0.50**	0.33**	-0.54**	-0.64**	-0.87**
T_silt						1	0.41*	0.36**	-092**	-0.49**	-0.49*
S_silte							1	0.43*	-0.45**	-0.87**	-0.57**
D_silêncio								1	-0.37*	-0.45*	-0.74**
T_areia									1	0.61**	0.58**
S_areia										1	0.69**
D_areia											1

ECa-H e ECa-V (mS m^{-1}), ECa aparente medido no modo horizontal e vertical, respetivamente, e P < 0,01**, 0,05*.

4.1.2.2 ECa e propriedades químicas

A associação entre a CEa e as propriedades químicas examinadas foi reflectida pelo coeficiente de correlação do momento do produto de Pearson (r), como se mostra na tabela 5. O gráfico de dispersão entre ECa-V e CEC é apresentado na figura 12d.

Tabela 5. Correlações de Pearson entre a CEa e as propriedades químicas do solo superficial no terraço, n = 104

Variável	ECa-V	ECa-H	OC	CEC	Ca^{2+}	Mg^{2+}	K^+	BS	Total N	P	pH
ECa-V	1	0.81**	0.16	0.53**	0.51**	0.66**	-0.17	0.23*	-0.27**	-0.14	0.46**
ECa-H		1	0.03	0.43**	0.40**	0.50**	-0.27**	0.14	-0.34**	-0.18	0.36**
OC			1	0.64**	0.51**	0.33**	0.55**	-0.04	0.43**	-0.15	0.28**
CEC				1	0.76**	0.58**	0.23*	-0.12	0.02	-0.22*	0.45**
Ca^{2+}					1	0.53**	0.19	0.48**	0.02	-0.24*	0.53**
Mg^{2+}						1	0.08	0.42**	-0.12	-0.05	0.29**
K^+							1	0.05	0.62**	0.03	0.14
BS								1	-0.03	-0.03	0.20*
Total N									1	0.18	0.04
P										1	-0.14
pH											1

ECa-H e ECa-V (mS m^{-1}), ECa aparente medido em modo horizontal e vertical, respetivamente; OC, % 1+
i-1\2+2+ TT'++ _-1\
C orgânico; CEC (cmol kg), capacidade de troca catiónica; Ca , Mg e K permutáveis (cmol kg); BS, % saturação de bases; N total (g kg^{-1}); P disponível (mg kg^{-1}); pH água, 1 : 2,5 e P < 0,01**, 0,05*.

No local do terraço, foram encontrados coeficientes de correlação linear positivos (r = 0,46, r = 0,53, r = 0,51 e r = 0,66) entre a ECa-V e o pH, a CEC, o Ca^{2+} e o Mg^{2+} , respetivamente. Corwin e Lesch (2005) referiram que o pH, a CCE e o Mg^{2+} estão relacionados com as medições da CEa, enquanto McBride et. al. (1990) e Triantafilis et. al. (2009) relacionaram as medições da CEa com a CCE, o Ca permutável^{2+} e o Mg^{2+} . Além disso, as correlações da CEa com o teor de argila e a CTC foram geralmente mais elevadas e mais persistentes. Poderá ser viável desenvolver relações entre a CEa e a argila e a CTC que sejam aplicáveis numa vasta gama de condições climáticas e de solo (Sudduth et. al., 2005). No entanto, os coeficientes de correlação foram relativamente mais elevados para a CEa-V do que para a CEa-H no local de referência. As correlações observadas sugerem que a conceção de amostras com base na CEa proporcionará uma melhor representação espacial para essas quatro propriedades. As propriedades fracamente correlacionadas foram o C orgânico, o K^+ , a saturação de bases, o N total e o P disponível.

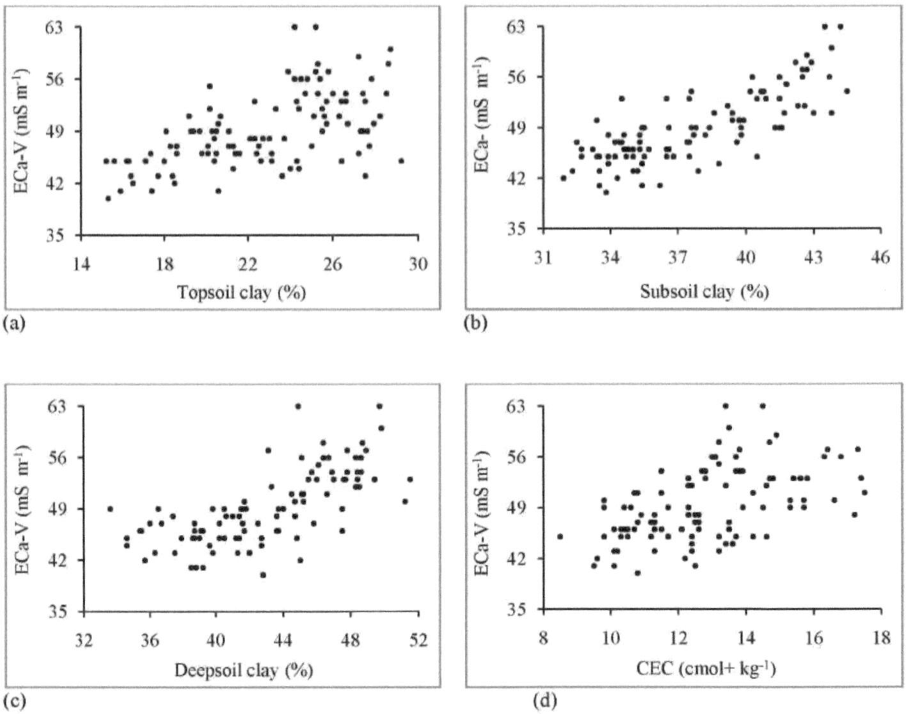

Figura 12. Gráficos de dispersão entre ECa-V e a) solo superficial, b) subsolo, c) argila do solo profundo e d) CEC no local do terraço

4.1.3 Variabilidade espacial das propriedades do solo

4.1.3.1 Mapeamento das medições de ECa

Os conjuntos de dados ECa horizontais e verticais foram modelados com variogramas esféricos omnidireccionais (Figura 13). Os parâmetros do modelo estão listados na tabela 6. A variabilidade espacial de ECa mostrou intervalos de 27 m e 30 m de distância aproximada em que a autocorrelação espacial entre pares de pontos de dados cessa ou se torna muito mais variável para ECa-H e ECa-V, respetivamente. Os efeitos relativos de pepita (RNE), ou seja, o rácio entre a variância de pepita e a variância total (a soleira), foram considerados quase semelhantes, o que indica que a variabilidade espacial de ECa é aproximadamente muito estruturada pelos modelos ajustados. Além disso, os variogramas apresentavam uma forte estrutura espacial, uma vez que apenas 32 % e 30 % da variabilidade permanecem inexplicáveis ou a variância não é atribuível à dependência espacial. No entanto, os conjuntos de dados foram krigados para construir os seus mapas contínuos de CEa do solo à superfície (Figuras 14 e 15), tendo sido utilizada a técnica de interpolação de krigagem ordinária. O mapa de ECa-H e ECa-V com geometria de grelha de 1 por 1 m mostrou um padrão semelhante e integridade mútua.

Tabela 6. Parâmetros do modelo dos variogramas esféricos omnidireccionais ajustados

Parâmetros do variograma

Variável	Co, variância da pepita $(mSm)^{-12}$	C, soleira $(mSm)^{-12}$	h, intervalo (m)	RNE, efeito pepita relativo (%)
ECa-H	6.7	21.1	27	32
ECa-V	6.7	22.6	30	30

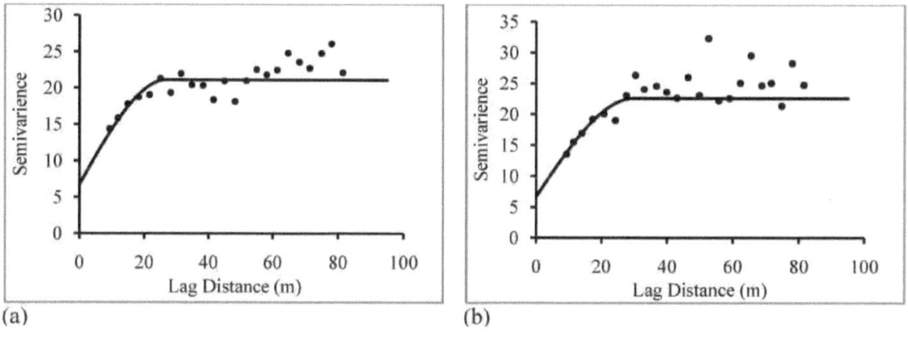

Figura 13. Variogramas de a) ECa-H e b) ECa-V do local do terraço

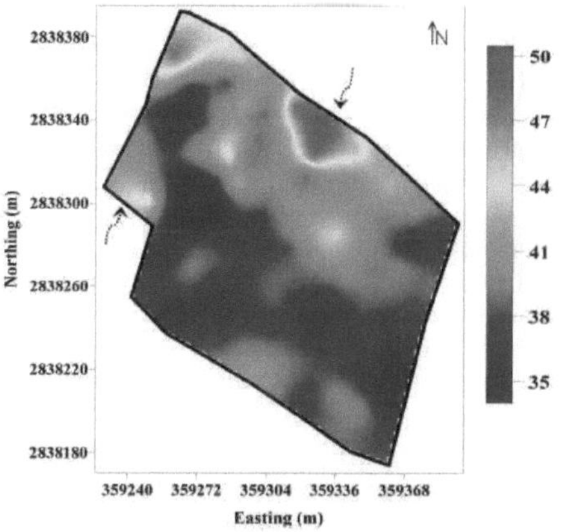

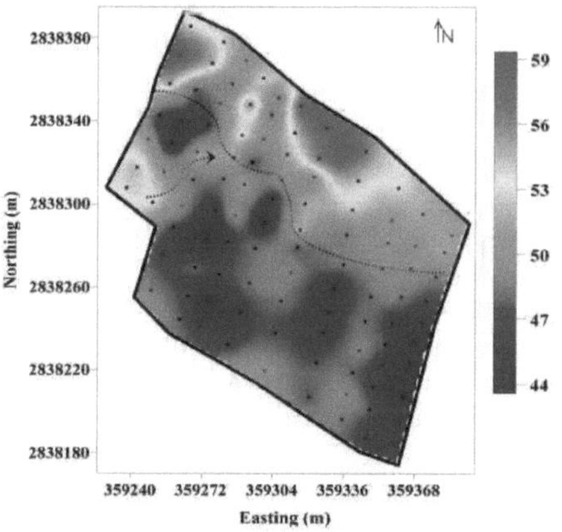

Figura 14. Valores interpolados em mS m^{-1} para ECa-H no local do terraço.
Figura 15. Valores interpolados em mS m^{-1} para ECa-V com locais de amostragem (mostrados como pontos) no sítio do terraço.

4.1.3.2 Cartografia do teor de argila e areia

Os variogramas esféricos ajustados para as fracções de argila e areia são apresentados na figura 16, enquanto os parâmetros do modelo são listados na tabela 7.

Tabela 7. Parâmetros do modelo de variogramas esféricos omnidireccionais para as fracções texturais

Parâmetros do variograma	Solo superficial			Subsolo			Solo profundo		
	Argila	Silte	Areia	Argila	Silte	Areia	Argila	Silte	Areia
C_0 , variância da pepita (mS m)$^{-12}$	2	13	16.7	5.8	4.5	15	7.3	5	22
C, soleira (mS m ')2	11.8	29.4	58.1	11.8	10.9	35.1	20.3	10.5	43
h, alcance (m)	30	30	35	42	18	30	32	42	42
RNE, efeito pepita relativo (%)	17	44	29	49	41	43	36	48	51

Os modelos ajustados sugerem que a variabilidade está bem estruturada no espaço e é isotópica. A presença de variância de pepita pode ser devida à variabilidade de curto alcance que ocorre principalmente a distâncias inferiores ao intervalo de amostragem. O rácio entre a variância da pepita e a variância da soleira pode ser considerado como um critério para especificar a dependência espacial das variáveis. Cambardella et. al. (1994) sugeriram que, se o rácio entre a variância do nugget e a variância da soleira (RNE) for inferior a 25 %, a correlação espacial é classificada como elevada, entre 25 e 75 % como média e acima de 75 % como baixa. O RNE da argila do solo superficial foi de 17 %, o que significa que a argila possui uma forte dependência espacial, enquanto que para a argila do subsolo e do solo profundo a dependência espacial é moderada, sendo o valor do RNE de 49 % e 36 %, respetivamente. O teor de areia é moderadamente dependente do espaço, o que é explicado pelos respectivos RNE apresentados no quadro 7. Por outro lado, a gama de dependência espacial pode ser considerada como a distância para além da qual as observações não estão correlacionadas espacialmente. A dependência espacial para a argila do solo superficial e do solo profundo é encontrada a uma distância de separação quase semelhante de 30 e 32 m, respetivamente, enquanto a autocorrelação espacial do subsolo se torna muito mais fraca a partir de 42 m de distância. No caso da distribuição de areia para cada incremento de profundidade, a distância aproximada a que a autocorrelação cessa foi de 35 m, 30 m e 42 m, respetivamente.

O teor de argila aumenta acentuadamente com a profundidade no local do terraço. Os teores médios de argila foram de 23 %, 38 % e 43 % para os incrementos de profundidade de 0-30 cm, 30-60 cm e 60-90 cm, respetivamente. O subsolo apresentou um teor de argila nitidamente mais elevado do que o solo superficial sobrejacente, causando uma mudança textural abrupta entre o solo superficial e o subsolo. O teor de argila do subsolo era quase o dobro do do solo superficial, e ainda mais no solo profundo, com um máximo de cerca de 50 %. Esta diferença textural pode ser causada por uma acumulação iluvial de argila ou pela formação pedogenética de argila no subsolo ou pela destruição de argila no horizonte superficial ou por uma combinação de dois ou mais destes processos. No entanto, os mapas de teor de argila krigados mostraram que o teor de argila do solo superficial e do subsolo é relativamente mais elevado ao longo do lado nordeste, estendendo-se até ao centro do campo, incluindo alguma área do canto ocidental do campo, indicada por linhas a tracejado na figura 17a e setas a tracejado na figura 17b. O teor de argila do solo profundo segue um padrão semelhante. Esta distribuição espacial da argila reflecte-se razoavelmente nos mapas ECa, uma vez que as áreas que apresentam uma resposta ECa mais elevada são aquelas em que o teor de argila é mais elevado, como mostram as linhas a tracejado e as setas na figura 15. Além disso, o teor de argila em três profundidades é mais baixo ao longo da fronteira sul, estendendo-se até ao centro do campo, o que se reflecte na resposta ECa relativamente mais baixa nos mapas ECa.

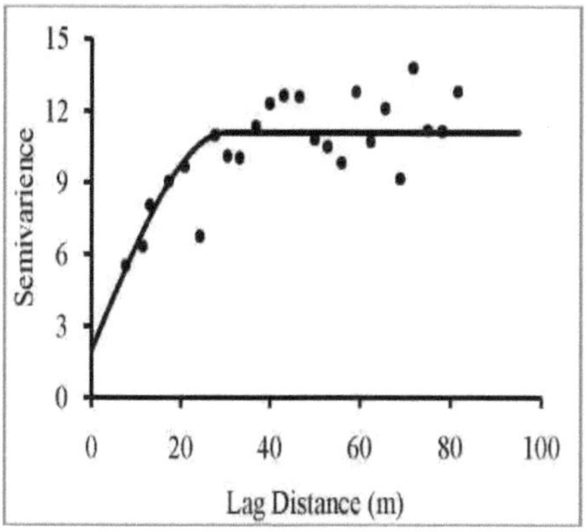

(a) Solo superficial argiloso

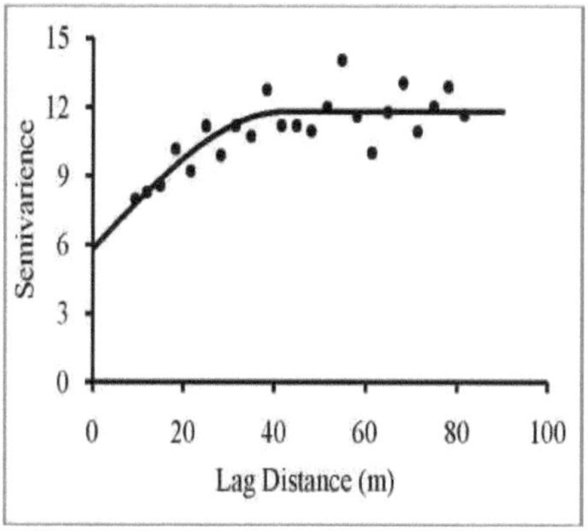

(b) Subsolo argiloso

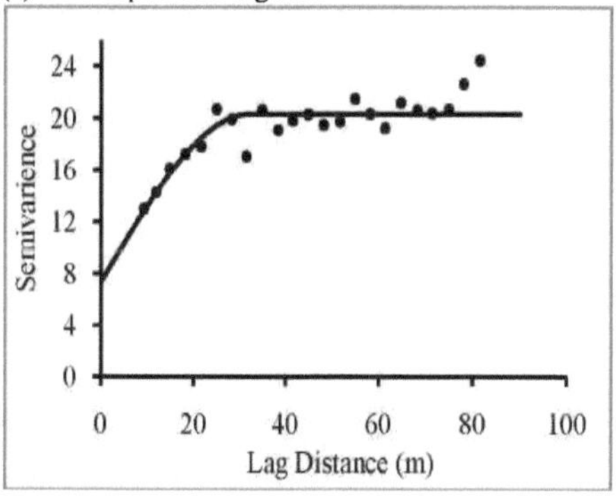

c) Argila do solo profundo

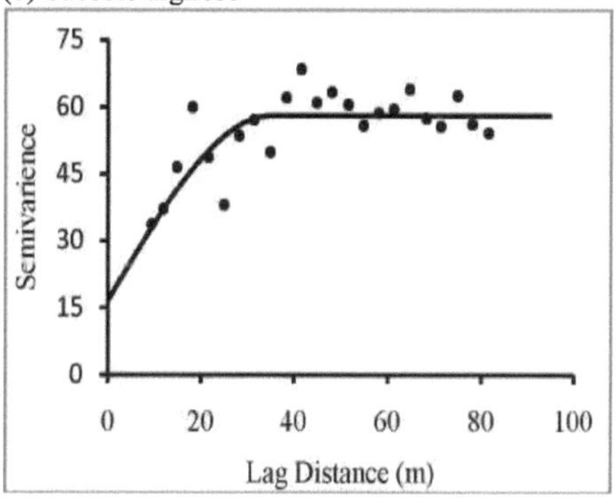

d) Areia do solo superficial

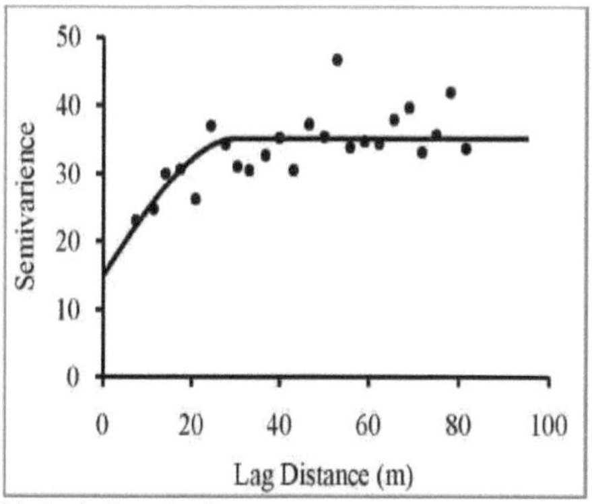

(e) Areia do subsolo

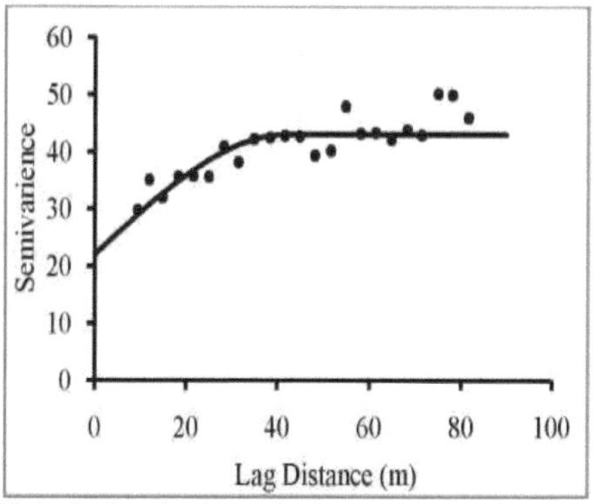

(f) Areia do subsolo profundo

Figura 16. Variogramas das fracções de argila (a, b e c) e de areia (d, e e f) no local do terraço

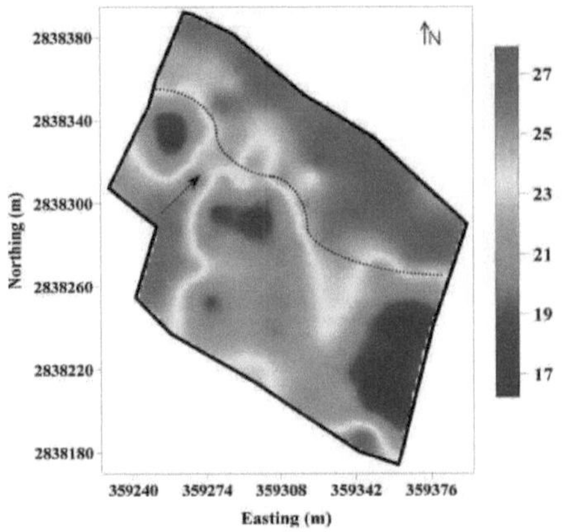

(a) Solo superficial argiloso

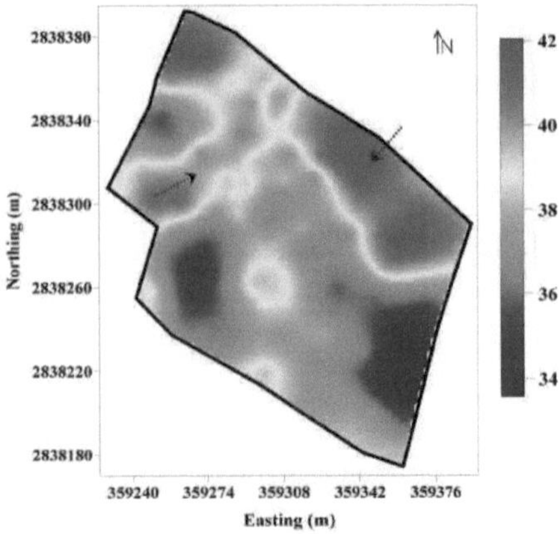

(b) Subsolo argiloso

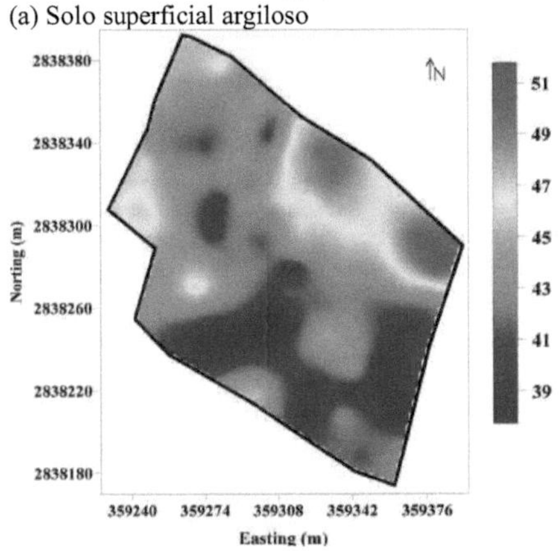

(c) Argila do solo profundo

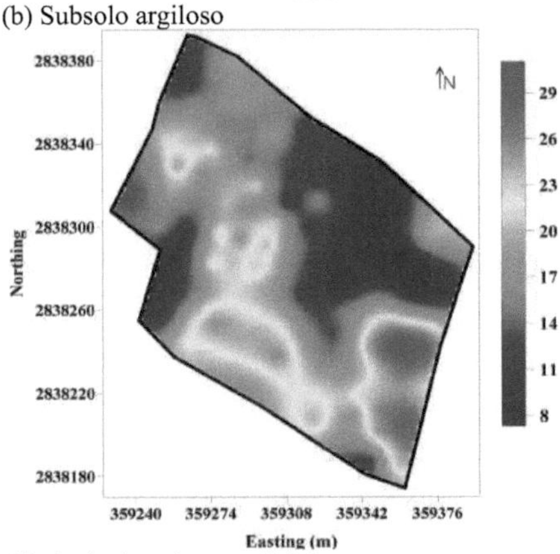

(d) Areia do solo superficial

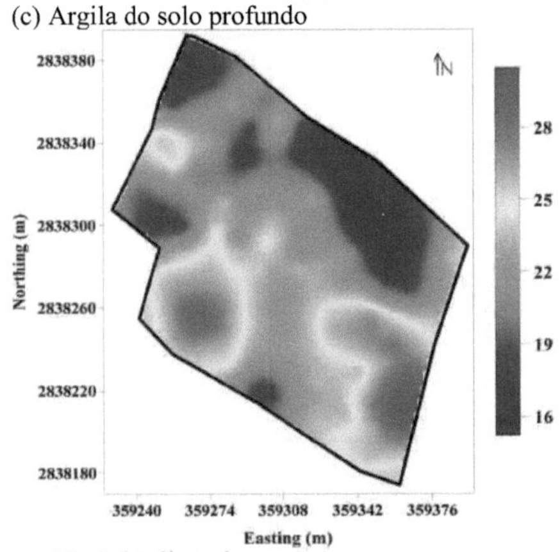

(e) Subsoil sand

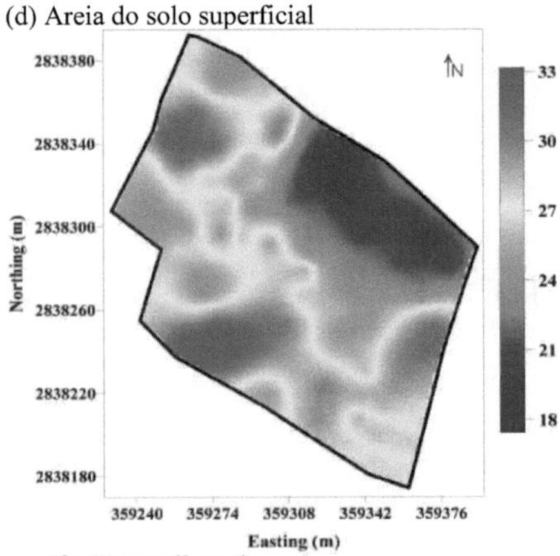

(f) Deepsoil sand

Figura 17. Estimativas krigadas do teor (%) de argila (a, b, c) e areia (d, e, f) no terraço

As possíveis causas da distribuição de argila na camada superficial do solo podem incluir a) o lado sudoeste do campo é biologicamente mais ativo, uma vez que esta parte do campo recebe matéria orgânica, e a drenagem segue normalmente de sudoeste para nordeste, o que faz com que o material mais fino (silte e argila) seja deslocado nessa direção pela drenagem e também durante o encharcamento do campo, e b) o solo superficial siltoso instável ao longo do lado nordeste é erodido durante a estação das chuvas, uma vez que flui um afluente estreito que ocasionalmente transborda devido a fortes chuvas da estação das chuvas ou ao excesso de água da sua nascente.

4.1.3.3 Cartografia das propriedades químicas do solo

O variograma esférico ajustado das propriedades químicas, i.e., pH, CEC, Ca^{2+} e Mg^{2+} , é mostrado na figura 18, enquanto os parâmetros do modelo são listados na tabela 8. A gama omnidirecional de autocorrelação é de 32 m e 30 m para pH e CEC, respetivamente. Mas a amplitude da autocorrelação para os iões permutáveis Ca^{2+} e Mg^{2+} é de 25 m. O efeito pepita relativo é relativamente elevado (pH - 60 %, Ca^{2+} - 46 % e Mg^{2+} - 57 %, exceto o CEC (30 %)), o que significa que as variações aleatórias inexplicáveis ou de curta distância são consideráveis. Além disso, os RNE's mais elevados de pH, Ca^{2+} e Mg^{2+} indicam que as suas variações espaciais são moderadamente estruturadas pelos modelos ajustados. Os mapas das previsões krigadas são apresentados na figura 19.

Tabela 8. Parâmetros do modelo de variogramas esféricos omnidireccionais para as propriedades químicas

	Parâmetros do variograma			
Variável	C0, variância da pepita $(mSm)^{-12}$	C, soleira $(mSm)^{-12}$	h, intervalo (m)	RNE, efeito pepita relativo (%)
pH	0.12	0.02	32	60
CEC	1	3.3	30	30
Ca^{++}	0.18	0.39	25	46
Mg^{++}	0.04	0.07	25	57

A acidez do solo varia regularmente em todo o terreno; a distribuição tem um carácter algo poligonal. O efeito pepita relativo é de 60 %, o que significa que a variação aleatória da acidez no local é considerável. O teor de CEC apresenta uma variação relativamente menor e a sua distribuição espacial é aproximadamente fortemente estruturada, ou seja, RNE 30 %. O mapa krigado revelou que o teor de CEC é mais elevado nos cantos oeste e norte, e mais baixo na parte oriental do campo, indicado pelas setas quebradas e sólidas, respetivamente, na figura 19b. Esta CEC mais elevada nessas zonas pode ser causada por um teor relativamente mais elevado de argila e matéria orgânica. No entanto, o CEC médio do sítio de referência é de 12,63 cmol+ kg^{-1} . O nível de matéria orgânica na área maioritária do campo é bastante baixo, o que significa que a CEC é principalmente causada pela argila. A CTC é a soma total de catiões permutáveis que um solo pode absorver ou reter. A capacidade de troca depende principalmente do tipo e da quantidade de minerais de argila, sesquióxidos e matéria orgânica. No solo de terraço altamente intemperizado e ácido, as fracções de argila são dominadas por mica e caulinite, o que faz com que a CEC seja relativamente baixa do que na planície de inundação adjacente (Moslahuddin et. al., 2008). O Ca permutável^{2+} apresentou uma distribuição semelhante à do CEC (Figura 19c). O Mg^{2+} apresentou uma variância de pepita próxima de zero, o que significa que quase não ocorrem alterações a uma distância inferior a 25 m de um raio de autocorrelação. O mapa de krigagem mostra duas grandes distribuições espaciais com uma mancha de Mg^{2+} mais baixo no lado oriental, mostrado pela seta na figura 19d. Os catiões permutáveis mostram uma distribuição espacial moderadamente estruturada, tal como revelado pelo respetivo efeito pepita relativo. Além disso, a distribuição espacial do pH e do Ca^{2+} mostrou uma periodicidade aproximada ou uma recorrência a intervalos regulares, o que é evidente nos seus mapas krigados mostrados nas figuras 19a e 19c, respetivamente.

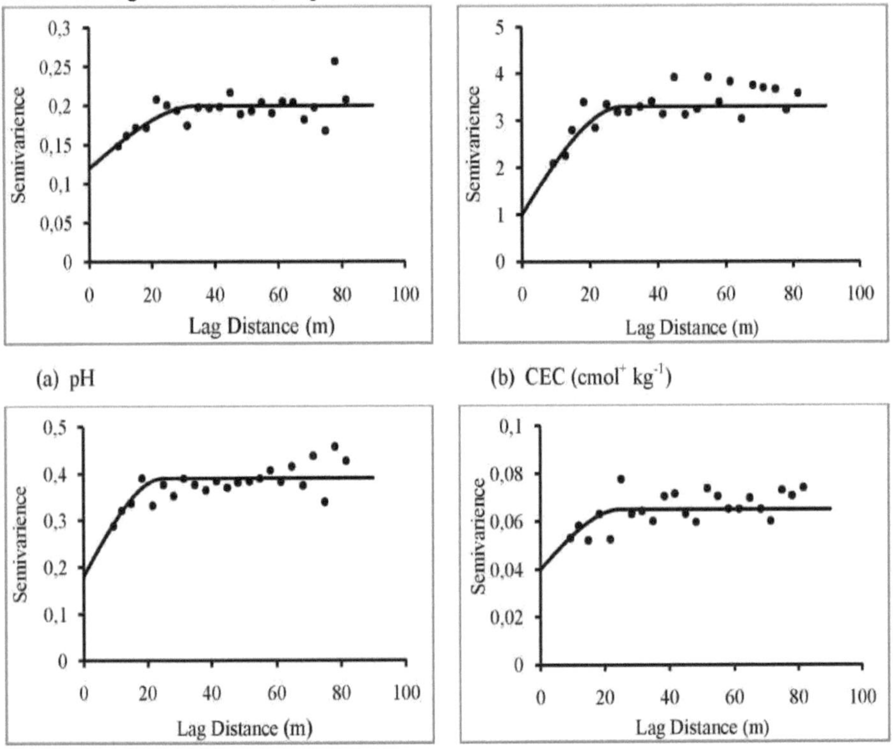

(a) pH

(b) CEC (cmol$^+$ kg^{-1})

(c) Ca^{2+} (cmol$^+$ kg^{-1})

(d) Mg^{2+} (cmol$^+$ kg^{-1})

Figura 18. Variogramas de a) pH, b) CEC, c) Ca^{2+} e d) Mg^{2+} no local do terraço

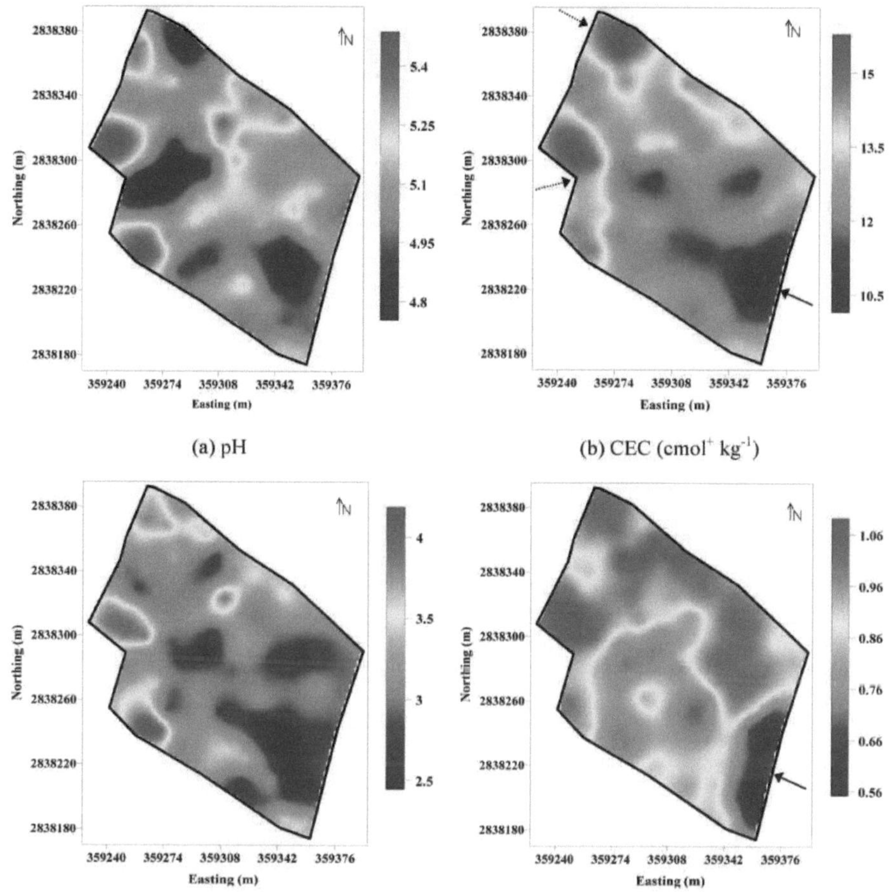

(a) pH (b) CEC (cmol⁺ kg⁻¹)

(c) Ca^{2+} ($cmol^{+}$ kg^{-1}) (d) Mg^{2+} ($cmol^{+}$ kg^{-1})

Figura 19. Estimativas krigadas das propriedades químicas do solo superficial, a) pH, b) CEC, c) Ca^{2+} e d) Mg^{2+} no local do terraço

4.2 Local da planície de inundação

4.2.1 Estatísticas descritivas

4.2.1.1 Propriedades do solo

As propriedades do solo apresentavam uma distribuição aproximadamente simétrica. Este facto foi confirmado pelos respectivos coeficientes de assimetria (Tabela 9 e 10). A distribuição de frequência das propriedades do solo seleccionadas é apresentada na figura 20. As propriedades do solo no local da planície de inundação mostraram uma grande variação espacial, tal como explicado pela sua grande variância e coeficientes de variação.

Tabela 9. Estatísticas descritivas das fracções texturais no local da planície de inundação, n = 20

Solo superficial (0-30 cm)

	Média	Mediana	Mínimo	Máximo	Desvio	Desvio padrão	Skewness	Curtose	CV (%)
Argila	21.4	20.6	9.4	38.2	47.29	6.88	0.74	0.79	32
Silte	70.6	74.9	43.7	80.4	88.88	9.43	-1.40	1.97	13
Areia	8.0	5.2	1.0	42.3	106.96	10.34	2.51	6.52	129
Subsolo (30-60 cm)									
Argila	13.9	13.5	7.40	21.70	19.74	4.44	0.19	-1.25	32
Silte	67.7	70.6	43.40	81.10	149.39	12.22	0.55	-1.23	18
Areia	18.4	12.60	1.20	44.40	206.08	14.36	-0.27	-0.10	78
Solo profundo (60-90 cm)									
Argila	12.7	12.3	4.9	34.4	40.02	6.33	2.10	6.82	50
Silte	69.7	77.6	31.7	83.8	237.85	15.42	-1.19	-0.46	22
Areia	17.6	12.9	1.0	63.4	273.83	16.55	1.34	1.65	94

A distribuição granulométrica média do solo superficial e do subsolo correspondeu principalmente à classe de textura franco-siltosa, enquanto no solo profundo 80 % das observações pertencem principalmente à classe de textura franco-siltosa e as restantes à classe de textura siltosa (Figura 21). O teor médio de argila no solo superficial é de
21.4 %, enquanto que para o subsolo 13,9 % e para o solo profundo 12,7 % (Quadro 9). Além disso, os CV da distribuição de partículas (13 - 129 %) para todas as observações mostraram que continua a haver uma variação considerável no conteúdo da distribuição de partículas em três incrementos de profundidade, principalmente para as fracções de areia no local da planície de inundação.

Tabela 10. Estatísticas descritivas das propriedades químicas do solo superficial no sítio da planície de inundação, n = 20

Variável	Unidades	Média	Mediana	Mínimo	Máximo	Desvio	Std. dev.	Skewness	Curtose	CV (%)
pH da água		6.64	6.67	6.35	6.85	0.02	0.14	-0.71	0.51	2
Org. C	g kg^{-1}	30.62	30.48	20.31	40.66	36.0	6 .0	-0.40	0.20	20
Total N	g kg^{-1}	0.73	0.44	0.20	2.07	0.34	0 .58	1.34	0.28	78

Na^+	$cmol^+ kg^{-1}$	0.67	0.64	0.47	0.94	0.01	0.58	0.75	1.87	15
CEC	$cmol^+ kg^{-1}$	21.34	20.75	18.15	23.34	4.16	2.04	-0.50	-1.15	9
Ca^{2+}	$cmol^+ kg^{-1}$	12.76	12.47	7.22	1 7.31	4.35	2.09	-0.26	2.26	16
K^+	$cmol^+ kg^{-1}$	0.10	0.11	0.07	0.14	0.00	0.02	-0.11	-0.02	15
CEe	$dS\ m^{-1}$	0.03	0.03	0.02	0.05	0.00	0.01	0.06	-0.94	23

As propriedades químicas examinadas mostraram uma grande variabilidade dentro do campo para todas as propriedades, exceto o pH, o que foi explicado pelos seus CV relativamente mais elevados (Quadro 10). Os solos da planície de inundação eram ligeiramente ácidos (pH médio 6,64) e apresentavam um nível médio de C orgânico (média 30,62 g kg^{-1}), que variou de 20,31 a 40,66 g kg^{-1} e um nível elevado de CEC (média 21,34 $cmol^+$ kg^{-1}). O N total foi considerado muito baixo e os sais solúveis eram insignificantes. O nível de catião permutável, Ca^{2+} foi elevado, enquanto o nível de Mg^{2+} e Na^+ foi baixo.

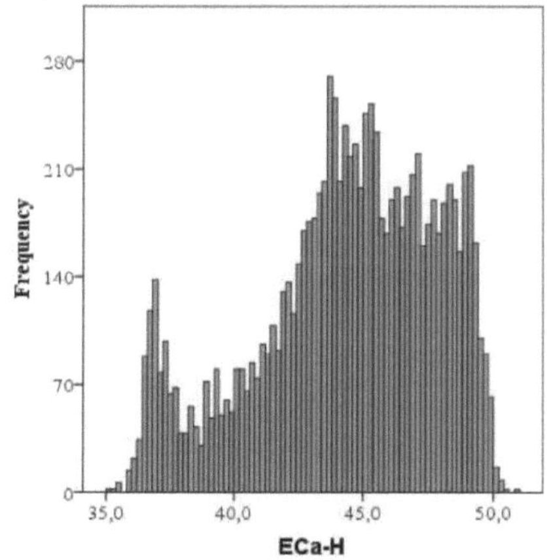

(a)

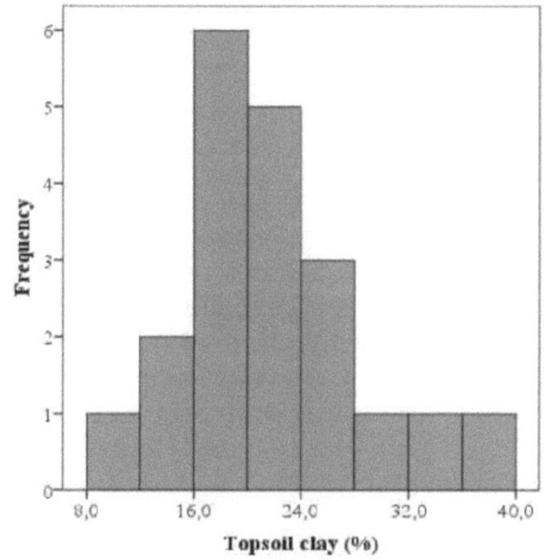

(b)

Figura 20. Histogramas de a) ECa-H (mS m^{-1}) e b) argila do solo superficial no local da planície de inundação

(a) Textura do solo superficial

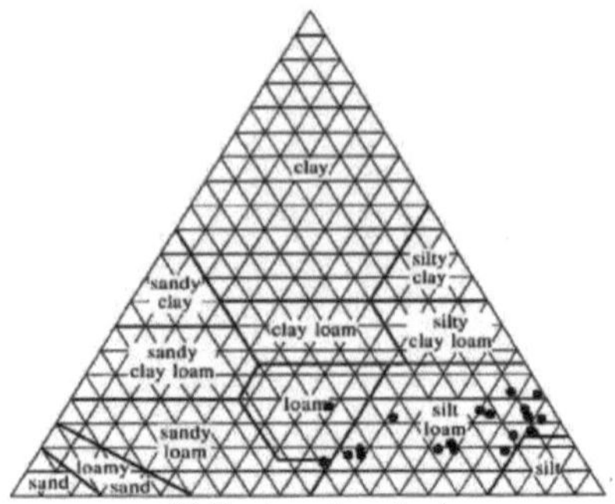

(b) Textura do subsolo

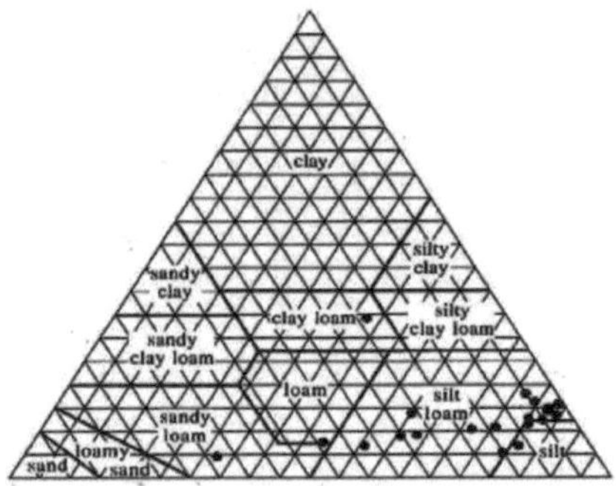

(c) Textura do solo profundo

Figura 21. Distribuição da classe textural a) solo superficial, b) subsolo e c) despojo no triângulo textural USDA no sítio da planície de inundação, n = 20

4.2.2 Condutividade eléctrica aparente (ECa)

As medições de ECa foram aproximadamente de distribuição simétrica e inclinadas para a esquerda. As leituras de ECa variaram entre 35,1 e 50,8 e 33,8 e 47,4 mS m^{-1} para a orientação horizontal e vertical, respetivamente, no local da planície de inundação (Tabela 11). As leituras da ECa-H foram ligeiramente superiores às da ECa-V simultânea. Os coeficientes de variação foram da mesma ordem em ambas as orientações. As respostas ECa das duas orientações estavam bem correlacionadas com um coeficiente de correlação linear positivo de r = 0,90.

Tabela 11. Estatísticas descritivas das medições de CEa (mS m^{-1}) no local da planície de inundação

Variável	n	Média	Mediana	Mínimo	Máximo	Desvio	Std. dev.	Skewness	Curtose	CV (%)
ECa-H	9,670	44.3	44.7	35.1	50.8	12.25	3.50	0.56	-0.42	8
ECa-V	10,515	41.8	42.3	33.8	47.4	11.27	3.35	-0.65	-0.33	8

ECa-H e ECa-V (mS m^{-1}), ECa aparente medido no modo horizontal e vertical, respetivamente

4.2.3 Coeficientes de correlação da CEa com as propriedades texturais e químicas do solo

Foram efectuadas correlações do momento do produto de Pearson (r) entre a CEa e as fracções texturais, e as propriedades químicas do solo superficial e a CEa do local da planície de inundação (quadros 12 e 13). Os gráficos de dispersão entre a CEa e a argila do solo superficial são apresentados na figura 22. O melhor coeficiente de correlação positiva (r = 0,66) ocorreu para a CEa-H e a argila do solo superficial, e a correlação para a CEa-V (r = 0,61) quase coincidiu. As correlações para o subsolo e o solo profundo foram inferiores para a orientação horizontal. Para a orientação vertical, a argila do subsolo profundo respondeu moderadamente com um coeficiente de correlação de r = 0,45, que é r = 0,33 para a argila do subsolo. As correlações entre a CEa e as fracções texturais foram relativamente mais baixas, exceto no solo superficial, o que pode ser causado pela diminuição das quantidades de argila no subsolo e no solo profundo. Além disso, uma vez que a CEa é uma função do número de propriedades do solo, o baixo peso dos valores de r no local da planície de inundação (não salino) indicou que outros factores para além da textura, como a humidade do solo ou a CEC, podem ter tido efeito nas variações da condutividade (Sudduth et. al., 2001). No entanto, a associação entre a CEa e as propriedades químicas examinadas foi reflectida pelo seu coeficiente de correlação, como se mostra na tabela 13. Foram encontrados coeficientes de correlação fracos para todas as propriedades químicas, exceto o C orgânico (r = 0,60 e r = 0,48 para a CEa-H e CEa-V, respetivamente). O C orgânico do solo superficial correlacionou-se bem com a CEa devido ao nível relativamente mais elevado de matéria orgânica no sítio da planície aluvial.

Tabela 12. Correlações de Pearson (r) da CEa e das fracções texturais no local da planície de inundação, n = 20

Variável	ECa-H	ECa-V	T_argila	S_argila	D_argila	T_areia	S_areia	D_areia	T_silt	S_silte	D_silêncio
ECa-II	1	0.90**	0.66**	0.23	0.26	-0.42*	0.03	0.16	-0.08	-0.12	-0.28
ECa-V		1	0.61**	0.33	0.45*	-0.36	-0.12	-0.04	0.01	0.02	-0.14
T_argila			1	0.36	0.15	-0.46*	-0.08	-0.12	-0.23	-0.04	0.07
S_argila				1	0.38	-0.25	-0.60**	-0.41	0.01	0.34	0.28
D_argila					1	-0.40	-0.49*	-0.36	0.33	0.44	-0.02
T_areia						1	0.14	0.57**	-0.76**	-0.08	-0.45*
S_areia							1	0.41	-0.10	-0.96**	-0.24
D_areia								1	-0.54*	-0.33	-0.92**
T_silt									1	0.11	0.44
S_silte										1	0.18
D_silêncio											1

ECa-H e ECa-V (mS m^{-1}), ECa aparente medido no modo horizontal e vertical, respetivamente, e P < 0,01**, 0,05*.

Tabela 13. Correlações de Pearson (r) da CEa e das propriedades químicas do solo superficial, n = 20

Variável	ECa-H	ECa-V	pH	O C	Total N	CEe	Na^+	CEC	K^+	Ca^{2+}
ECa-H	1	0.90**	0.02	0.60**	0.39	-0.11	0.03	-0.34	-0.16	-0.02
ECa-V		1	0.16	0.48*	0.49*	0.09	-0.07	-0.32	-0.09	0.04
pH			1	-0.28	0. 21	0.63**	-0.29	-0.07	-0.22	0.20
OC				1	0.21	-0.04	0.21	-0.32	-0.01	0.15
Total N					1	0.10	-0.02	0.06	0.13	-0.03
CEe						1	-0.20	0.06	-0.25	0.37
Na^+							1	0.17	-0.11	0.56**
CEC								1	-0.03	0.11
K^+									1	-0.14
Ca^{2+}										1

ECa-H e ECa-V (mS m^{-1}), ECa aparente medido no modo horizontal e vertical, respetivamente; pH da água, 1 : 2,5; OC, % carbono orgânico; N total (g kg^{-1}); CEC (cmol+ kg^{-1}), capacidade de troca catiónica; 2++++-1-1
Ca, Na e K permutáveis (cmol kg); ECe (dS m) e P < 0,01**, 0,05*.

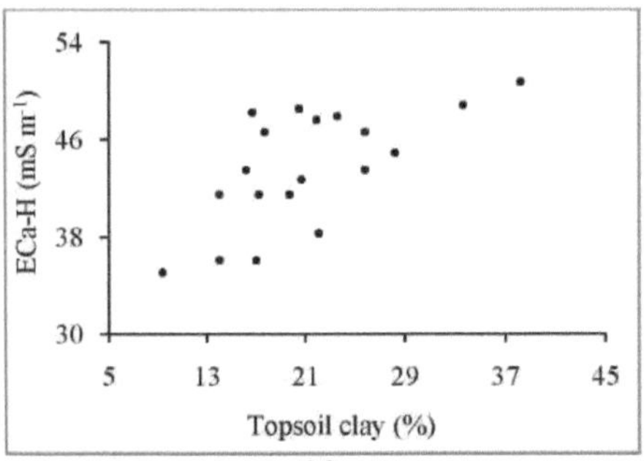

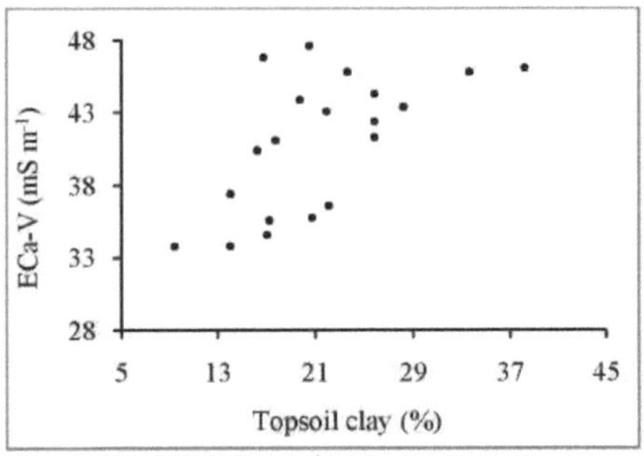

Figura 22. Gráficos de dispersão, a) de ECa-H e argila do solo superficial e b) ECa-V e argila do solo superficial no local da planície de inundação

4.2.4 Mapeamento das medições de ECa

Os conjuntos de dados ECa foram modelados com variogramas esféricos duplos omnidireccionais (Figura 23). Os modelos ajustados consistiram em 17,7 m e 16 m de distância de separação na qual a autocorrelação espacial entre pares de pontos de dados cessa para ECa-H e ECa-V, respetivamente

(Tabela 14). O efeito pepita relativo (RNE) foi zero. A ausência de variância "nugget" sugere que foi identificada uma forte variabilidade espacial e que quase nenhuma variabilidade foi deixada nas distâncias características inferiores à respectiva gama. A krigagem ordinária foi utilizada para a estimativa e construção dos mapas de ECa de superfície contínua. O mapa de ECa-H e ECa-V foi obtido com geometria de grelha de 1 por 1 m e mostrou um padrão semelhante (Figura 24).

Tabela 14. Parâmetros do modelo de variogramas esféricos duplos omnidireccionais para ECa

Variável	Parâmetros do variograma					
	C_0, variância da pepita $(mSm)^{-12}$	C_1, sill $(mSm)^{-12}$	C_2, soleira $(mSm)^{-12}$	h_1, intervalo (m)	h_2, alcance (m)	RNE, efeito pepita relativo (%)
ECa-H	0.0	0.72	0.13	17.7	4.0	0.0
ECa-V	0.0	0.73	0.10	16	3.0	0.0

Os mapas de ECa do solo foram preparados para ECa-H com o teor de argila e areia do solo superficial sobreposto, e ECa-V com argila do solo profundo sobreposto. O estudo forneceu um mapa ECa representativo da extensão espacial e da magnitude do teor de argila e areia do solo superficial e profundo. Além disso, os dados EM38 recolhidos no modo de dipolo horizontal foram ligeiramente mais preditivos do que os dados do modo de dipolo vertical para o solo superficial, mas para o solo profundo a orientação vertical foi mais adequada. O nível de argila é relativamente mais elevado no lado norte do campo, onde a resposta de ECa também é mais elevada, como mostra a figura 24a. Além disso, também ilustra que os materiais mais finos tendem a deslocar-se de norte para sul do campo, como mostram as linhas a tracejado com setas no mapa de ECa-H (Figura 24a), o que pode ser causado pela direção da drenagem, que segue o mesmo caminho. No meio do campo, existem também zonas de argila mais baixa, onde a CEa foi medida relativamente mais baixa, mostrada por uma seta a tracejado na figura 24a.

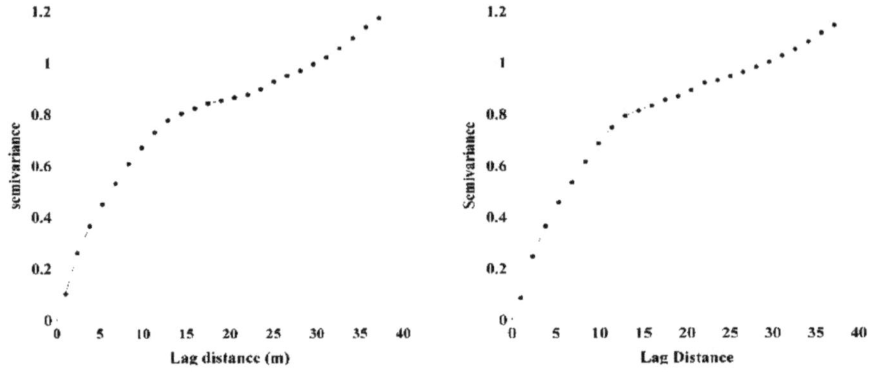

(a) (b)

Figura 23. Variogramas da ECa-H e ECa-V no local da planície de inundação

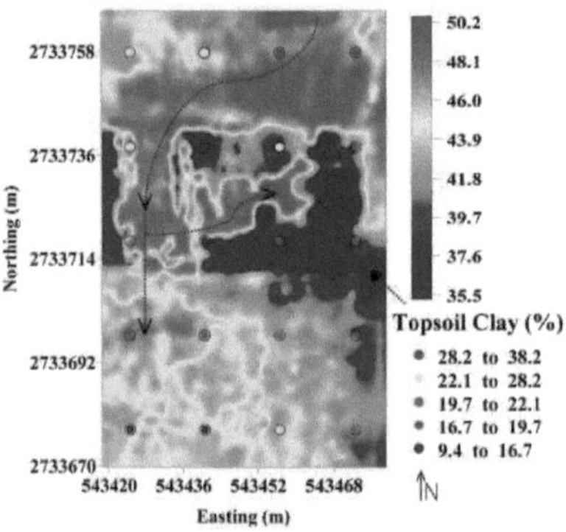

(a) ECa-H

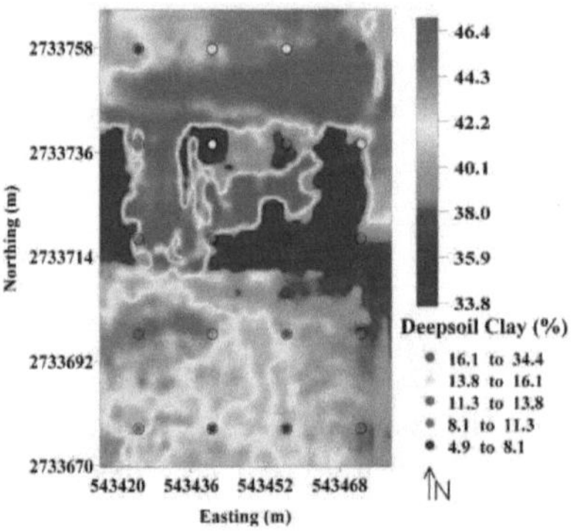

(b) ECa-V

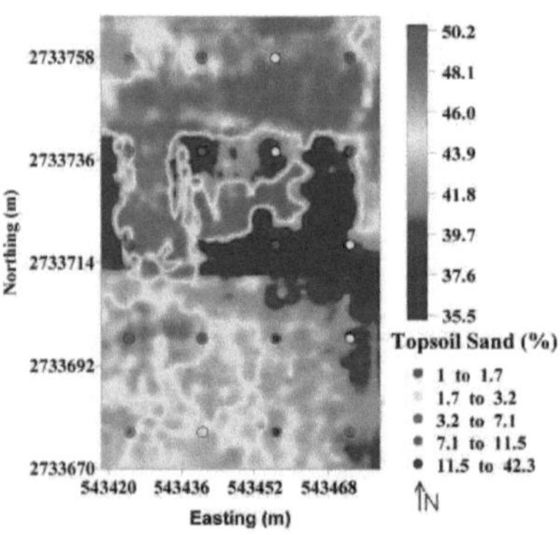

(c) ECa-H

Figura 24. Valores interpolados em mS m^{-1} para o ECa-H com a) argila do solo superficial e c) areia, e o ECa-V com b) teores de argila do solo profundo sobrepostos nos mapas no local da planície de inundação

Capítulo 5

5. Comparação da resposta da condutividade EM38 com as propriedades do solo no terraço e na planície de inundação

As leituras da condutividade eléctrica aparente do solo (CEa) do sensor não invasivo de indução electromagnética do solo, EM38, correlacionaram-se melhor com a textura em três incrementos de profundidade (0-30 cm, 30-60 cm e 60-90 cm) e com quatro propriedades químicas do solo superficial (pH, CEC, Ca^{2+} e Mg^{2+}) no local de estudo do terraço. No sítio da planície aluvial, as leituras de CEa correlacionaram-se melhor com a textura do solo superficial e profundo e com o C orgânico do solo superficial. No sítio do terraço, as leituras de EM38 nas medições pontuais de orientação vertical (CEa-V) variaram entre 40 e 64 mS m^{-1} , enquanto as leituras na orientação horizontal (CEa-H) variaram entre 32 e 53 mS m^{-1} (Quadro 3). No caso do sítio da planície de inundação, as medições contínuas de ECa-V variaram entre 33,8 e 47,4 mS m^{-1} e as medições de ECa-H entre 35,1 e 50,8 mS m^{-1} (Quadro 11). No local do terraço, a resposta do EM38 à condutividade do solo foi relativamente mais elevada para a orientação vertical do que para a orientação horizontal, mas no local da planície de inundação, a condutividade respondeu de forma oposta. Os coeficientes de correlação entre a CEa-V e a argila e areia do subsolo foram os mais elevados (r = 0,78 e r = - 0,84, respetivamente) para o local do terraço. Mas no sítio da planície de inundação, o coeficiente de correlação entre a CEa-H e a argila do solo superficial foi o mais elevado (r = 0,66). Estas diferenças nas correlações entre os dois locais de estudo podem estar relacionadas com as suas propriedades do solo, que diferem fundamentalmente devido a diferentes materiais de origem e processos de formação do solo. O local do terraço, caracterizado por um aumento considerável do teor de argila com a profundidade, tem um substrato argiloso do Terciário que se presume ser de origem fluvial, ao passo que o local da planície de inundação se desenvolveu através de depósitos aluviais e sedimentos com um substrato arenoso. O mapa ECa-V do sítio do terraço (Figura 15) representa corretamente a distribuição espacial da argila do subsolo, mostrando uma resposta ECa mais elevada nas áreas onde o nível de argila é também mais elevado. Para a zona da planície de inundação, o mapa de CEa à superfície (Figura 24) também mostrou uma integridade mútua razoável em termos de resposta de CEa em relação às respectivas fracções texturais. O teor de argila do solo superficial sobreposto no mapa CEa-H mostra claramente a relação espacial positiva entre CEa e argila. Entre as propriedades químicas do local do terraço, quatro propriedades do solo, nomeadamente pH, CEC e Ca permutável^{2+} e Mg^{2+} apresentaram coeficientes de correlação positivos e significativos (r = 0,46, r = 0,53, r = 0,51 e r = 0,66, respetivamente) com a CEa-V. Outras propriedades químicas testadas, ou seja, C orgânico, N total, P disponível, saturação de bases e K^{+} não apresentaram correlações explicáveis com as medições da CEa. Para o local da planície de inundação, a maioria das propriedades químicas não apresentou correlação explicável, exceto o C orgânico do solo superficial (r = 0,60), o que indica que a textura do solo superficial (argila) foi a principal propriedade do solo que influenciou as leituras de CEa. No entanto, estes resultados sugerem que existe um potencial de levantamento ECa à escala do campo para mapear a extensão espacial e a magnitude da textura do solo, incluindo as principais propriedades químicas (pH, CEC, Ca^{2+} e Mg^{2+}) através do sensor EM38 nos solos de terraço, e a textura do solo e o C orgânico nos solos da planície de inundação do Bangladesh.

Conclusão

Foi realizado um estudo de indução electromagnética (IEM) nos solos dos terraços e das planícies aluviais do Bangladesh, utilizando um sensor de solo, o EM38. As leituras da condutividade eléctrica aparente do solo (ECa) na orientação vertical (ECa-V) da medição variaram entre 40 e 64 mS m^{-1} , enquanto as leituras na orientação horizontal (ECa-H) variaram entre 32 e 53 mS m^{-1} no local do terraço. No local da planície de inundação, as leituras ECa-V variaram entre 33,8 e 47,4 mS m^{-1} e as leituras ECa-H entre 35,1 e 50,8 mS m^{-1} . A resposta do EM38 à condutividade do solo foi relativamente mais elevada para a orientação vertical do que para a orientação horizontal no local do terraço. Mas no local da planície de inundação, a resposta ECa-H foi ligeiramente mais elevada do que a ECa-V. No local do terraço, as leituras da CEa correlacionaram-se melhor com as propriedades do solo, como a textura do solo superficial, sub e profundo (argila e areia), e com as propriedades químicas do solo superficial, ou seja, pH, CEC, Ca^{2+} e Mg^{2+} . No sítio da planície aluvial, as leituras de ECa correlacionaram-se melhor com a textura do solo superficial e profundo e com o C orgânico do solo superficial. No sítio do terraço, foi encontrada uma correlação modesta entre ECa-V e a argila do subsolo (r = 0,78) e ECa-V e a areia do subsolo (r = - 0,84). Este facto pode ser causado pela elevada quantidade de argila no subsolo (cerca de 40%) e pelo substrato argiloso terciário pouco profundo. Mas no sítio da planície de inundação, a correlação entre a CEa-H e a argila do solo superficial foi a mais elevada (r = 0,66). Este facto pode ser causado pelo teor de argila no solo superficial (>22 %) e pelo substrato arenoso superficial. A análise do variograma revelou que uma grande parte da variação total das propriedades do solo (cerca de 70 %) foi contabilizada na componente espacialmente estruturada do variograma.

Os resultados do estudo criaram a expetativa de que a cartografia do solo através da medição da CEa é possível no Bangladesh. Para a cartografia, a medição do ECa-V no solo do terraço é mais preditiva do que o ECa-H, enquanto a medição do ECa-H no solo da planície de inundação é mais preditiva do que o ECa-V. Os mapas de ECa podem representar corretamente a variação espacial das propriedades do solo. Assim, fornecem informações úteis sobre a textura do solo, a fertilidade química e o teor de matéria orgânica. O mapa de CEa também fornece um meio de monitorizar a variação espacial das propriedades do solo que potencialmente influenciam a produção de culturas. Os mapas ECa podem também orientar a amostragem orientada do solo com o objetivo de atualizar os mapas de solos existentes no Bangladesh.

Recomendações

1. A aplicação à escala do terreno do inquérito EMI poderia ser uma ferramenta rápida e menos dispendiosa para encontrar a variação espacial do solo (mapa de textura e de nutrientes para as plantas) no Bangladesh. O inquérito baseado no EMI, em combinação com o esquema de atualização prevalecente dos mapas nacionais de solos, poderia ser útil no contexto da amostragem de solos orientada pela CEa, tempo e dinheiro para acelerar as actividades de atualização retardada dos mapas de polígonos semi-detalhados existentes.
2. A delimitação de zonas de gestão específicas do local através da realização de investigação semelhante em solos relativamente heterogéneos, em combinação com dados de rendimento, pode ajudar a interpretar a relação entre os mapas derivados do EM38 e as variações de rendimento que podem levar à adoção de práticas de gestão específicas do local.
3. O teor de humidade do solo é uma das principais limitações às práticas agrícolas nas zonas de terraço. A variabilidade espacial e temporal do teor de humidade pode ser identificada a diferentes profundidades utilizando o EM38, o que pode estimar substancialmente as necessidades de irrigação maciça durante os períodos mais secos de cultivo (arroz e culturas de inverno).
4. O teor de argila, o teor de humidade do solo, a CEC, a mineralogia da argila, o tamanho e a distribuição dos poros do solo e a salinidade do solo são alguns dos factores que afectam a CEa. Por conseguinte, para examinar o efeito de todas estas propriedades, tanto em condições secas como húmidas, com um estudo sazonal repetitivo, deve ser realizado um estudo para compreender de forma abrangente o potencial de aplicação e a extensão da utilização do EM38 no Bangladesh.

5. O estudo foi premeditado e deliberadamente confinado a uma área pequena para o local do terraço e ainda mais pequena para o local da planície de inundação. Os resultados de ambos os locais de estudo revelaram potencial para uma maior exploração e extensão do estudo em causa. Poderiam ser implementadas estruturas mais deliberadamente ponderadas e adaptadas em grandes áreas de diferentes tipos e condições de solo. Isto orientará a generalização dos resultados e a apresentação de sugestões definitivas para o Bangladesh.
6. A extensão espacial lateral e a profundidade do substrato argiloso da argila caraterística de Madhupur sob o subsolo das zonas de terraço do Bangladesh podem ser cartografadas por EM38. Os solos de planície de inundação caracterizados por uma superfície arada devido à monocultura extensiva de arroz, a variabilidade da profundidade e a compactação desta superfície dura podem ser identificadas por um levantamento baseado em EMI.
7. O Bangladesh tem cerca de 2,8 milhões de hectares de terras afectadas pela salinidade e pela má qualidade da água. O estudo EMI para solos salinos já é uma ferramenta comprovada e existe um grande potencial para caraterizar os solos salinos através do EM38.

Referência

Adamchuk, V. I., Hummel, J. W., Morgan, M. T., Upadhyaya, S. K. 2004. On-the-go soil sensors for precision agriculture. Computers and Electronics in Agriculture 44: 71-91.

Ali, M. Y., Rahman, M. A., Quayyum, M. A. e Islam, M. B. 2007. Improved adaptive capacity to climate change for sustainable livelihoods in the agricultural sectors - The case of High Barind Tract: BARI-FAO collaborative program. Divisão de Investigação na Exploração Agrícola (OFRD), Instituto de Investigação Agrícola do Bangladesh (BARI), Gazipur, Bangladesh.

Auerswald, K., Simon, S. e Stanjek, H. 2001. Influência das propriedades do solo na condutividade eléctrica em regimes hídricos húmidos. Ciência do Solo 166: 382-390.

BARC, 2005. Conselho de Investigação Agrícola do Bangladesh, Ministério da Agricultura, Bangladesh.

BBS, 2008. Statistical Pocketbook of Bangladesh, 2008. Gabinete de Estatística do Bangladesh, Governo da República Popular do Bangladesh, Daca, Bangladesh.

Benson, A. K., Payne, K. L. e Stubben, M. A. 1997. Mapeamento da contaminação de águas subterrâneas usando resistividade DC e métodos geofísicos VLF - Um estudo de caso. Geophysica 62 (1): 80-86.

Billal, H. M. 2008. EM38 para medir e mapear a humidade do solo num solo argiloso fissurado. Tese de doutoramento. Departamento de Geografia e Planeamento, Universidade de New England, Austrália.

Biswas, T. D. e Mukherjee, S. K. 1987. Text Book of Soil Science, p. 291. Tata Mc Grew-Hill Publishing Co. Ltd. Nova Deli, Índia.

BMDA, 2010. Barind Multipurpose Development Authority, Ministério da Agricultura, Bangladesh. http://bmda.gov.bd/ (Read June 15, 2010).

Brammer, H. 1996. The Geography of the soils of Bangladesh. The University Press Limited, Dhaka, Bangladesh.

Brammer, H. 2002. Land use and land use planning in Bangladesh. The University Press Limited, Dhaka, Bangladesh.

Bray, R. H. e Kurtz, L. T. 1945. Determinação das formas total, orgânica e disponível de fósforo nos solos. Soil Science 59: 39-45.

Brevik, E. C., Thomas, E. F. e Lazari, A. 2006. Condutividade eléctrica do solo em função do teor de água do solo e implicações para a cartografia do solo. Agricultura de Precisão 7: 393-404.

Bronson, K. F., Booker, J. D., Officer, S. J., Lascano, R. J., Maas, S. J. , Searcy, S. W. e Booker, J. 2005. Condutividade eléctrica aparente, propriedades do solo e covariância espacial nas planícies do sul dos EUA. Agricultura de Precisão 6: 297-311.

Burrough, P. A. e McDonnell, R. A. 1998. Principals of geographical information systems. Oxford University Press, Oxford.

Burrough, P.A. 1993. Soil variability: a late 20th century view. Soil and Fertilizers 56: 529-562.

Cambardella, C. A., Moorman, T. B., Novak, J. M., Parkin, T. B., Karlen, D. L., Turco, R. F. e Konopka, A. K. 1994. Field-scale variability of soil properties in central Iowa soils. Soil Science Society of America Journal 58: 1501-1511.

Chapman, H. D. 1965. Capacidade de troca catiónica. In: C. A. Black, editor, Methods of soil analysis - Chemical and microbiological properties. Agronomia 9: 891-901.

Cockx, L. 2010. Inventário do solo de alta resolução utilizando um sensor de indução electromagnética de sinal duplo. Tese de doutoramento, Departamento de Gestão do Solo, Universidade de Gand.

Corwin D. L. e Lesch, S. M. 2005. Medições da condutividade eléctrica aparente do solo na agricultura. Computadores e eletrónica na agricultura 46: 181-202.

Corwin, D. L. e Lesch, S. M. 2003. Aplicação da condutividade eléctrica do solo à

agricultura de precisão: teoria, princípios e orientações. Agronomy Journal 95: 455-471.
Corwin, D. L., Lesch, S. M. Osterb, J. D. e Kaffka, S. R. 2006. Monitorização de alterações espácio-temporais induzidas pela gestão na amostragem da qualidade do solo dirigida pela condutividade eléctrica aparente. Geoderma 131: 369-387.
Day, P. R. 1965. Particle fractionation and particle-size analysis. Methods of soil analysis, p. 545-567, C. A. Black, Ed. Agronomia No. 1. Sociedade Americana de Agronomia, Madison, WI.
Erickson, B. 2004. A experiência de campo valida o sensor de pH do solo em movimento. Centro de gestão específico do local, Universidade de Purdue. (Lido em 15 de junho de 2010) http://www.agriculture.purdue.edu/ssmc/Frames/SSMC%20_newsletter12_04.pdf
FAO-UNSCO, 1988. Mapa de solos do mundo da FAO-UNESCO. Legenda revista, FAO, Roma.
Guia de Recomendação de Fertilizantes, 2005. Conselho de Investigação Agrícola do Bangladesh, Ministério da Agricultura, Bangladesh.
Friedman, S.P. 2005. Propriedades do solo que influenciam a condutividade eléctrica aparente: uma revisão. Computadores e eletrónica na agricultura 46: 45-70.
Freeland, R.S., Yoder, R.E., Ammons, J.T. e Leonard, L.L. 2002. Levantamento mobilizado da condutividade do solo usando indução eletromagnética. Applied Engineering in Agriculture 18: 121-126.
Gee, G. W., e J. W. Bauder, 1986. Análise do tamanho das partículas, p. 383-411, In: A. Clute, editor, Methods of soil analysis, parte 1. Métodos físicos e mineralógicos. Agronomia monografia 9. Sociedade Americana de Agronomia, Madison, WI.
Goovaerts, P. 1997. Geostatistics for natural resources evaluation. Oxford University Press, Nova Iorque.
Hendershot, W. H. e Duquette, M. 1986. Um método simples de cloreto de bário para determinar a capacidade de troca catiónica e os catiões permutáveis. Soil Science Society America Journal 50: 605-608.
Hendrickx, J. M. H. e Kachanoski, R. G. 2002. Conteúdo e concentração de soluto - medição indireta da concentração de soluto - indução electromagnética não intrusiva. Em: Dane, J.H., Topp, G.C., editores, Methods of Soil Analysis, Part 4, p. 1297-1306 - Physical Methods. Book Ser. 5. Soil Science Society of America, Madison, WI, EUA.
Ibrahim e Baset, 1973. Levantamento de reconhecimento do solo da subdivisão de Sadar, distrito de Dinajpur. Instituto de Desenvolvimento dos Recursos do Solo (SRDI), Ministério da Agricultura, Bangladesh.
Islam, M. M. 2009. Grupo de Investigação ORBit - Técnicas de Inventário Espacial do Solo, Departamento de Gestão do Solo, Universidade de Ghent, Bélgica.
Knudsen, D., Peterson, G. A. e Pratt, P. F. 1982. Lítio, sódio e potássio. Em: A. L. Page et. al., editores. Methods of soil analysis, Páginas 247-262. Parte 2. Agronomia No. 9. Sociedade Americana de Agronomia, Madison, WI.
Kuhn, J., Brenning, A., Wehrhan, M., Koszinski, S. e Sommer, M. 2009. Interpretação de padrões de condutividade eléctrica através de propriedades do solo e mapas geológicos para a agricultura de precisão. Agricultura de precisão 10: 490-507.
Lesch, S.M., Corwin, D. L. e Robinson, D. A. 2005. Mapeamento da condutividade eléctrica aparente do solo como ferramenta de gestão agrícola em solos de zonas áridas. Computadores e eletrónica na agricultura 46: 351-378.
Lin, H. S., Wheeler, D., Bell, J. e Wilding, L. 2005. Avaliação da variabilidade espacial do solo a várias escalas. Ecological Modelling 92 (1): 271-290.
McBratney, A. B., Whelan, B. M., Ancev, T., e Bouma, J. 2005. Future directions of precision agriculture (Direcções futuras da agricultura de precisão). Agricultura de Precisão 6: 7-23.
McBride, R. A., Gordon, A. M. e Shrive, S. C. 1990. Estimating forest soil quality from terrain measurements of apparent electrical conductivity. Soil Science Society of America

Journal 54: 290-293.
McNeill, J. D. 1980. Medição electromagnética da condutividade do terreno a baixos números de indução. Em: Geonics Limited Library (www.geonics.com), editor, Nota técnica, TN-6. Mississauga, Canadá.
Moral, F. J., Terron, J. M. e Marques, J. R. 2010. Delineamento de zonas de manejo utilizando medições móveis da condutividade elétrica aparente do solo e técnicas geoestatísticas multivariadas. Soil & Tillage Research 106: 335-343.
Moslehuddin, A. Z. M., Habibullah, Moniruzzaman, M. e Egashira, K. 2008. Mineralogia de solos de diferentes regiões agro-ecológicas do Bangladesh: Região 25 - Level Barind Tract e Região 27-North-eastern Barind Tract. Jornal da Faculdade de Agricultura, Universidade de Kyushu, 53 (1): 163-169.
Nelson, D. W. e Sommers, L. E. 1996. Carbono total, carbono orgânico e matéria orgânica. Em: A. L. Page, editor, Methods of soil analysis, p. 961-1010, parte 2. Propriedades químicas e microbiológicas. Sociedade Americana de Agronomia, Madison, WI.
Oliver, M. A. 1987. Geoestatística e sua aplicação à ciência do solo. Soil Use and Management 3: 8-20.
ORBit, 2010. A utilização da indução electromagnética em aplicações de gestão do solo. Grupo de Investigação Soil Spatial Inventory Techniques, Departamento de Gestão do Solo, Universidade de Ghent. http://www.soilman.ugent.be/orbit, (Read June 15, 2010).
Orr, A., Riches, Mortimer, C. R., Harris, A. M. e Mazid, M. A. 2008. Oportunidades a nível das explorações agrícolas para aumentar a produtividade e o rendimento no Alto Barind Tract: uma síntese. Em: Riches, C. R., Harris, D. e Hardy, B., editores, Improving agricultural productivity in Rice-Based systems of the high Barind Tract of Bangladesh, p. 9-25. Instituto Internacional de Investigação do Arroz (IRRI), Filipinas.
Pannatier Y. 1996. VARIOWIN: Software para a análise de dados espaciais em 2D. Sprin-ger-Verlag, Nova Iorque.
Rafael, A.V.R. 2002. Desenvolvimento de um sistema de deteção proximal do solo para a gestão contínua de solos ácidos. Tese de doutoramento, Departamento de Química Agrícola e Ciência do Solo, Universidade de Sydney, Austrália.
Rashid, H. Er., 1991. Geography of Bangladesh, University Press Limited, Dhaka.
Rhoades, J. D., Chanduvi, F. e Lesch, S. 1999. Avaliação da salinidade do solo: métodos e interpretação das medições da condutividade eléctrica. FAO: Irrigation and Drainage Paper-57, p. 1-150. Organização das Nações Unidas para a Alimentação e a Agricultura, Roma, Itália.
Rhoades, J. D., Manteghi, N. A., Shouse, P. J. e Alves, W. J. 1989. Condutividade eléctrica do solo e salinidade do solo: Novas formulações e calibrações. Soil Science Society America Journal 53: 433-439.
Robinson, D. A., Lebron, I., Lesch, S. M. e Shouse, P. 2004. Minimização da deriva em medições de condutividade eléctrica em ambientes de alta temperatura utilizando o EM-38. Soil Science Society America Journal 68: 339-345.
Saheed, S.M. 1992. Levantamento do solo: perspetiva e estratégias para o século 21st. In: J. A. Zinck, editor, An International Workshop for Heads of National Soil Survey Organizations, publicação do ITC, nº 21, p. 55-60, Países Baixos.
Santra P., Chopra U. K. e Chakraborty, D. 2008. Variabilidade espacial das propriedades do solo e sua aplicação na previsão do mapa de superfície dos parâmetros hidráulicos numa exploração agrícola. Current Science 95: 7.
Schumann, A.W. e Zaman, Q. U. 2003. Mapeamento da profundidade do lençol freático por indução electromagnética. Engenharia Aplicada na Agricultura 19 (6): 675-688.
Sheets, K. R. e Hendrickx, J. M. H. 1995. Medição não invasiva do teor de água no solo utilizando indução electromagnética. Water Resource Research 31 (10): 2401-2409.
Pessoal da Divisão de Levantamento do Solo, 1993. Soil Survey Manual. US Department

if Agriculture Handbook No. 18. Gabinete de Impressão do Governo dos EUA, Washington.
SRDI, 1986. Relatórios de reconhecimento do solo (34 volumes). Departamento de Levantamento de Solos (atualmente SRDI), Dhaka, Bangladesh.
SRDI, 2007. Mapa da fisiografia do solo do Bangladesh, 2007. Secção de Levantamento da Classificação de Solos e Terras, Instituto de Desenvolvimento dos Recursos do Solo (SRDI), Daca, Bangladesh.
Stafford, J. V. 2000. Implementing Precision Agriculture in the 21st century. Journal of Agricultural Engineering Research 76: 267-275.
Sudduth, K. A., Drummond, S. T. e Kitchen, N. R. 2001. Accuracy issues in electromagnetic induction sensing of soil electrical conductivity for precision agriculture (Questões de precisão na deteção por indução electromagnética da condutividade eléctrica do solo para a agricultura de precisão). Computers and Electronics in Agriculture 31: 239-264.
Sudduth, K. A., Kitchen, N. R., Wiebold, W. J., Batchelor, W. D., Bollerod, G. A., Bullock, D. G., Clay, D. E., Palm, H. L., Pierce, F. J., Schuler, R. T. e Thelen, K. D. 2005. Relacionando a condutividade eléctrica aparente com as propriedades do solo no centro-norte dos EUA. Computadores e Eletrónica na Agricultura 46: 263-283.
Triantafilis, J. e Monteiro Santos, F. A. 2009. Representação bidimensional do solo e da zona vadosa utilizando um EM38 e EM34 e um modelo de inversão com restrições laterais. Australian Journal of Soil Research 47: 809-820.
Triantafilis, J. e McBratney, A. B. 1998. Desenvolvimento de um sistema de deteção EM móvel para avaliação da salinidade do solo em campos de algodão irrigado, p. 61-64. Actas da Nona Conferência da Associação Australiana de Investigação dos Produtores de Algodão, Broadbeach, Queensland, Austrália, 12-14 de agosto.
Triantafilis, J., Lesch S. M., Kevin, L. e Buchanan S. M. 2009. Mapeamento digital do solo ao nível do campo da capacidade de troca catiónica utilizando indução electromagnética e um modelo de regressão espacial hierárquico. Australian Journal of Soil Research 47: 651-663.
USG-Birol, Upazila Soil Guide (guia de utilização dos recursos do solo e da terra), 2008. Divisão de levantamento e interpretação do solo, Instituto de Desenvolvimento dos Recursos do Solo (SRDI), Bangladesh.
USG-Mymensingh, Upazila Soil Guide (guia de utilização dos recursos do solo e da terra), 2009. Divisão de Levantamento e Interpretação do Solo, Instituto de Desenvolvimento dos Recursos do Solo (SRDI), Bangladesh.
Viscarra, R. A. e McBratney, A. B. 1998. Avaliação laboratorial de uma técnica de deteção proximal para a medição simultânea do teor de argila e água. Geoderma 85: 19-39.
Viscarra, R. A., Fouad, Y., e Walter, C. 2008. Utilização de uma câmara digital para medir o carbono orgânico do solo e os teores de iões. Biosystems Engineering, 100 (2): 149-159.
Vitharana, U. W. A. 2008. Técnicas de inventário espacial para apoio à gestão de solos específicos do local. Tese de doutoramento, Departamento de Gestão do Solo, Universidade de Gand, Bélgica.
Webster, R. e Oliver, M. A. 1990. Statistical methods in soil and land resource survey. Oxford University Press, NY.
Webster, R. e Oliver, M.A. 2001. Geostatistics for environmental scientists, p. 271, John Wiley and Sons, Chichester.
Weller, U., Zipprich, M., Sommer, M., Castell, W. Zu. e Wehrhan, V. 2007. Mapeamento do teor de argila através de fronteiras à escala da paisagem com indução electromagnética. Soil Science Society America Journal 71: 6.
Wollenhaupt, N. C., Mulla, D. J. e Gotway, C. C. A. 1997. Amostragem do solo e técnicas

de interpolação para cartografar a variabilidade espacial das propriedades do solo. In: Pierce, F.J. e Sadler, E. J., editores, The state of site specific management for agriculture, p. 19-54. Sociedade Americana de Agronomia, Crop Science of America e Soil Science Society of America.

Zhu, J., Morgan, C. L. S., Norman, J. M., Yue, W. e Lowery, B. 2004. Mapeamento combinado das propriedades do solo utilizando um modelo espacial estruturado em árvores multi-escala. Geoderma 118: 321-334.

Apêndices

Apêndice I. Princípio e procedimento de indução electromagnética (IEM) do sensor EM38

O EM-38 tem tido uma aplicação considerável para fins agrícolas, uma vez que a profundidade de medição corresponde à zona das raízes. O sensor funciona a uma frequência de 14,6 kHz e as medições podem ser efectuadas com os dipolos do instrumento na orientação horizontal ou vertical. Os valores medidos de ECa serão designados por ECa-H e ECa-V. Na orientação horizontal, tanto as bobinas do transmissor como as do recetor estão orientadas paralelamente à superfície terrestre, enquanto na orientação vertical ambas as bobinas estão perpendiculares à superfície. Cada orientação tem o seu próprio perfil de resposta em profundidade, a curva de resposta (Figura 25) descreve a contribuição relativa para o campo magnético secundário proveniente de uma camada horizontal fina a qualquer profundidade normalizada z (sendo z a profundidade dividida pelo espaçamento entre bobinas). A resposta atinge o seu pico entre 0,3 e 0,5 m de profundidade para o ECa-V, enquanto o solo à superfície dá apenas uma contribuição muito pequena para o campo secundário. A 1,5 metros de profundidade, o solo ainda contribui significativamente. A curva de resposta da orientação horizontal mostra um comportamento completamente diferente, com a maior contribuição do solo próximo da superfície, diminuindo monotonicamente com a profundidade (McNeill, 1980). No entanto, a intensidade do sinal do sensor é uma função da influência dos parâmetros do solo, como a quantidade de carga na partícula de argila, o teor de argila, as concentrações de sais na solução do solo e o teor de humidade do solo. Quanto mais condutora for a composição do solo, mais elevada será a leitura de ECa indicada pelo sensor. Foram desenvolvidos equipamentos móveis de medição da CEa para abordagens geofísicas electromagnéticas (EM). Foi desenvolvida uma unidade EM-38 que transporta o sensor num trenó não metálico puxado por um veículo ou trator. Estes trenós permitem medições contínuas de CEa, mas apenas numa posição de dipolo (Freeland et. al., 2002).

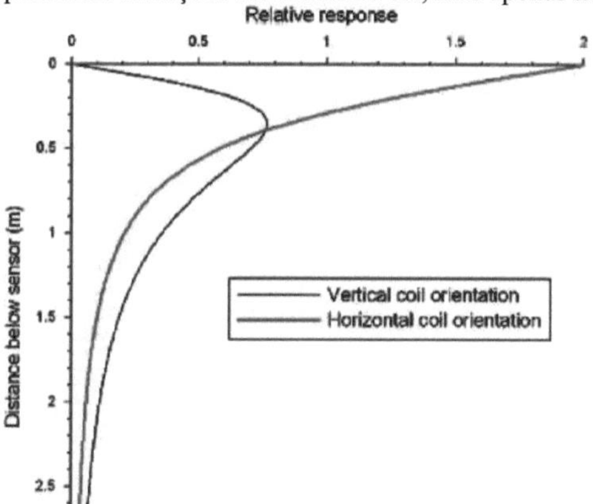

Figura 25. Resposta relativa do EM38 com a profundidade, em duas orientações (ORBit, 2010)

Hendrickx e Kachanoski (2002) descreveram o destino dos laços de corrente do sensor, uma bobina transmissora localizada numa extremidade do instrumento EM induz laços circulares de correntes de Foucault no solo com a magnitude destes laços diretamente proporcional à condutividade eléctrica na vizinhança desse laço. Cada laço de corrente gera um campo **eletromagnético** secundário que é proporcional ao valor da corrente que flui no interior do laço. Uma **fração** do campo eletromagnético secundário induzido de cada circuito é interceptada pela bobina recetora do instrumento e a soma destes sinais é amplificada e **transformada** numa tensão de saída que está relacionada com a condutividade eléctrica do solo ponderada em profundidade (Figura 26). A amplitude e a fase do campo secundário diferem das do campo primário em resultado das propriedades **do solo**, do espaçamento das bobinas e da sua orientação, da frequência e da distância à superfície do solo.

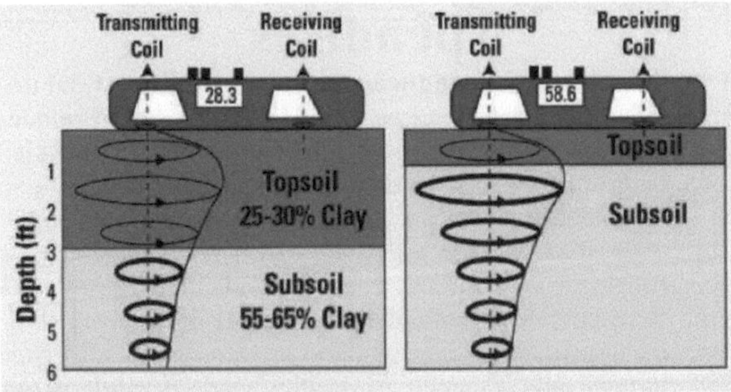

Figura 26. Esquema de funcionamento do sensor de condutividade do solo EM38 em modo de dipolo vertical sobre solo superficial profundo e superficial (ORBit, 2010).

Apêndice II. Características de um sistema flutuante de deteção do solo (FloSSy)

Para obter dados de solo de alta resolução de forma eficiente em condições de campo húmido, foi desenvolvido um sistema de deteção de solo flutuante (FloSSy). Consequentemente, o FloSSy tem de satisfazer as seguintes condições:

1. O FloSSy deve ser concebido de forma a poder ser utilizado em campos inundados, mesmo em condições sazonais de chuva. Por conseguinte, o invólucro de todos os componentes electrónicos e cabos de comunicação deve permanecer à prova de água.
2. O sistema deve ter um GPS para fornecer as localizações geográficas das medições do solo registadas.
3. O FloSSy deve ser capaz de processar simultaneamente informações brutas de ECa e GPS em tempo real e convertê-las para o formato exigido pelo utilizador. Para tal, é necessário um componente de software, o processador FloSSy, para funcionar em modo totalmente automatizado e em movimento.
4. O processador FloSSy tem de apresentar a trajetória de passagem do sensor em tempo real. Caso contrário, será impossível, num campo inundado, seguir o percurso previamente medido, de modo a manter uma distância constante entre as linhas medidas.
5. A plataforma de transporte do sensor deve ser construída com material leve que possa flutuar na água. Ao mesmo tempo, deve ser suficientemente estável contra as ondas da água para evitar que se vire acidentalmente.

Assim, o FloSSy é composto por um instrumento de deteção do solo EMI (EM38), um GPS, um computador portátil de campo, um software de processamento de dados do sensor em tempo real e de orientação do percurso, uma caixa à prova de água para o sensor do solo, uma plataforma flutuante para o sensor e o GPS e um veículo de cultivo em zonas húmidas para puxar toda a plataforma de deteção sobre a água (Islam, 2009).

Apêndice III. a) Pontos de medição ECa-H e b) ECa-V (mS m^{-1}) no local da planície de inundação

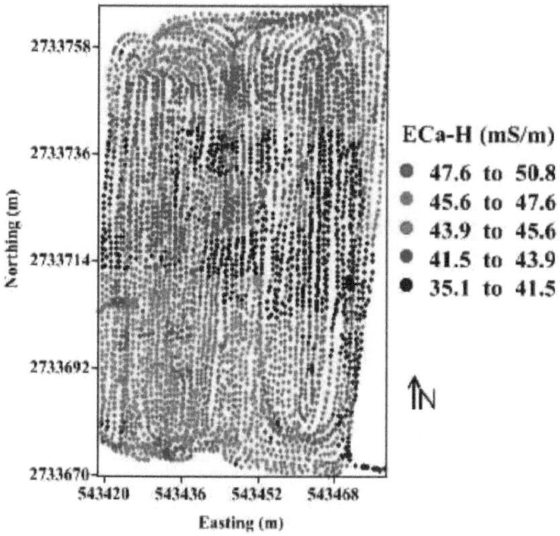

(a)

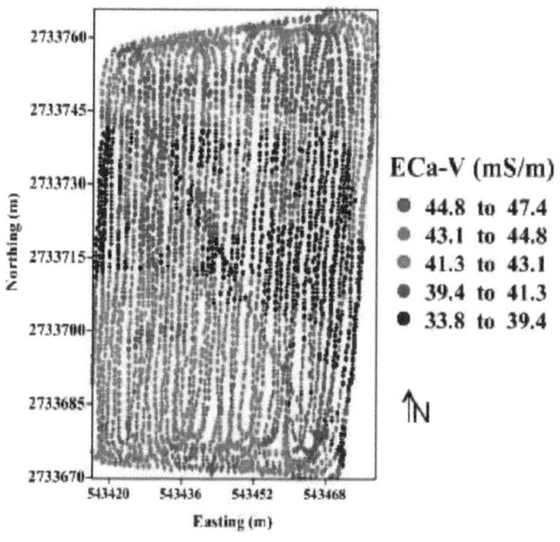

(b)

Apêndice IV. Limites críticos de nutrientes do solo estabelecidos pelo Conselho de Investigação Agrícola do Bangladesh (BARC), Ministério da Agricultura, Bangladesh.

Quadro 15. Solos argilosos a argilosos de culturas de arroz em zonas húmidas

Elemento nutritivo	**Muito baixo**	**Baixa**	**Médio**	**Ótimo**	**Elevado**	**Muito elevado**
N (%)	< 0.09	0.091-0.18	1.181-0.27	0.271-0.36	0.361-0.45	>0.45
P (pg/g)	< 3.75	3.76-7.5	7.6-11.25	11.26-15.0	15.1-18.75	>18.75
K (meq/100g)	< 0.075	0.076-0.15	0.151-0.225	0.226-0.30	0.31-0.375	>0.375
Ca (meq/100g)	< 1.5	1.51-3.0	3.1-4.5	4.51-6.0	6.1-7.5	>7.5
Mg (meq/100g)	< 0.375	0.376-0.75	0.751-1.125	1.126-1.5	1.51-1.875	>1.875

Tabela 16. Classes de teor de matéria orgânica (MO) e capacidade de troca catiónica (CEC)

Classe	**Matéria orgânica (%)**	**Capacidade de permuta catiónica (meq/100 g)**
Muito elevado	>5.5	>30
Elevado	3.5-5.5	16-30
Médio	1.8-3.4	7.6-15
Baixa	1.0-1.7	3-7.5
Muito baixo	<1.0	<3

Tabela 17. Classes de reação do solo

pH	**Classe de reação do solo**
<4.5	Muito fortemente ácido
4.6-5.5	Fortemente ácido
5.6-6.5	Ligeiramente ácido
6.6-7.3	Neutro
7.4-8.4	Ligeiramente alcalino
8.5-9.0	Fortemente alcalino
>9.0	Muito fortemente alcalino

MIX
Papier aus verantwortungsvollen Quellen
Paper from responsible sources
FSC® C105338

Printed by Books on Demand GmbH, Norderstedt / Germany